LA REVUE

ORTHOGRAPHIQUE.

OUVRAGES DU MÊME AUTEUR

Qui se trouvent chez le même Libraire.

Cours théorique-pratique d'Orthographe et de Ponctuation , *ou* Nouvelle Grammaire simplifiée, suivie de nombreux *Sujets de compositions* propres à inculquer facilement les principes de la langue française, etc., *in*-12. Ouvrage destiné à toutes les maisons d'éducation de l'un et de l'autre sèxe. Deuxième édition.

Grammaire raisonnée, *ou* Cours théorique et analytique de la langue française, où sont renfermés non seulement les principes avoués depuis long-temps par les plus savants grammairiens, mais encore des règles, les unes peu connues , les autres tout-à-fait neuves ; ouvrage destiné aux Écoles publiques , et utile à tous ceux que leurs talents appellent soit à professer , soit à parler en public. Deux forts vol. *in*-12, de près de 600 pages, chacun. Deuxième édition , ornée du portrait de l'Auteur.

Manuel des Enfants et des Adolescents; ouvrage contenant des principes de lecture, de religion, de morale, de botanique, de mythologie , de grammaire, d'histoire, de géographie , d'arithmétique ; et destiné aux maisons d'éducation des deux sèxes. Sixième édition; 1 vol. *in*-12. (Ce Manuel, en usage dans les écoles du premier et du second degré, peut être considéré comme une véritable encyclopédie de l'Enfance.) (*La suite page* 121.)

LA REVUE
ORTHOGRAPHIQUE,

O U

CORRIGÉ

DES SUJETS DE COMPOSITIONS

Renfermés dans le *Cours théorique – pratique d'Orthographe et de Ponctuation* , du même Auteur ;

Par J. E. J. F. BOINVILLIERS,

CORRESPONDANT DE L'INSTITUT ROYAL DE FRANCE, etc. etc.

Un sage ami, toujours rigoureux, inflexible,
Sur vos fautes jamais ne vous laisse paisible.
Si vous estropiez ou le sens ou les mots,
Pour redresser vos torts il arrive à propos.
BOILEAU.

DEUXIÈME ÉDITION.

PARIS,
DE L'IMPRIMERIE D'AUGUSTE DELALAIN,
Libraire-Editeur, rue des Mathurins St.-Jacques , N°. 5.

1823.

AVANT-PROPOS.

OBSERVATIONS
SUR LE PARTICIPE
SUIVI D'UN INFINITIF,

IMPRIMÉES DANS PLUSIEURS MÉMOIRES ACADÉMIQUES ;

PAR M. BOINVILLIERS.

CEUX qui sont accoutumés à réfléchir sur les lois de l'analyse grammaticale, n'ont qu'une même manière d'envisager les diverses modifications du participe passé ; il y a, j'ose le dire, sur ce sujet, conformité de principes et de raisonnement chez tous les hommes doués d'un esprit juste et éclairé. Comment donc se fait-il que chaque jour voie éclore des *Traités* sur les participes, traités au moins inutiles, et puisqu'ils renferment, les uns, les erreurs, les autres, des principes trop évidents pour être proclamés par mille bouches à-la-fois ? Il n'est, à notre avis, qu'un point de doctrine sur lequel il est fort à propos de fixer enfin l'opinion des écrivains et du public instruit, parce qu'il est depuis trop long-temps un sujet de controverse entre les Grammairiens et les Editeurs de quelques grammaires. Ceux-ci prétendent que le participe *ussé*, suivi immédiatement d'un infinitif, n'est pas soumis à la déclinabilité ; en conséquence, ils désapprouvent l'orthographe de cette phrase, par exemple : *avec des soins, on aurait pu sauver cette jeune personne, mais on l'a* laissée *mourir.* Il est bon d'examiner les motifs qui ont porté ces Editeurs de grammaires nouvelles à décider *ex professo* que le participe *laissé* est indéclinable dans cette phrase et dans d'autres semblables.

Les uns s'appuient sur ce vers de Racine, où Néron dit, en parlant de Junie :

> Immobile, saisi d'un long étonnement,
> Je l'ai *laissé* passer dans son appartement.

Mais ne sait-on pas qu'au siècle de Racine et de la Fontaine, le participe passé, suivi d'un infinitif, était presque toujours regardé comme indéclinable ? Ne sait-on pas que, depuis la Fontaine et Racine, un grammairien qu'on devrait oublier aujourd'hui, a établi en principe qu'il faut écrire : *elle s'est* rendu *la maîtresse ; la garnison que nous avons* fait *prisonnière ; la leçon que vous ont* donné *vos maîtres ; Adam et Eve que Dieu avait* créé *innocents, etc. ?* Ne sait-on pas qu'aujourd'hui encore bien des gens de lettres écrivent et impriment : « *les hommes célèbres que l'Italie a* vu *naître* (1) ! » Ne sait-on pas enfin qu'un grammai-

---

(1) Voyez le Discours récemment couronné par la Société académique de Montauban, sur cette proposition, *Combien la critique amère est nuisible aux progrès des talents ;* on y lit, *pag.* 14 : « Ces vastes dépôts destinés à *re-* » cueillir *et* (à) conserver les fruits de la méditation et du » génie, s'enrichissent à l'envi de ceux que tous les climats » ont *vu* naître. » Et, en parlant des arts, *page* 15 : « Si » les siècles qui les ont *vu* fleurir, sont aux siècles de bar- » barie et d'ignorance ce que, etc. » Nous ne féliciterons pas l'imprimeur, sur qui seul pèse toute la responsabilité. Le Discours est de feu Vigée.

rien moderne présente comme bien orthographié
le participe *perdu* dans ces deux vers que tout le
monde connaît :

> Et de ce peu de jours si long-temps attendus,
> Ah! malheureux, combien j'en ai déjà *perdus!*

Il résulte de ces observations, que l'orthographe
d'un poète, et surtout d'un poète du dix-huitième
siècle, ne doit jamais faire autorité. Le grand Corneille n'a-t-il pas écrit ?

> . . . . Les misères
> Que, durant notre enfance, ont *enduré* nos pères.

Les autres, voulant justifier l'indéclinabilité du
participe *laissé*, sont d'avis que le verbe *laisser*
et l'infinitif qui le suit, doivent être regardés
comme indivisibles ; et en cela ils ont raisonné
comme l'abbé de Condillac, qui n'a pas voulu voir
dans ces deux mots *laisser agir, laisser tomber,
laisser périr,* etc. deux idées tout-à-fait distinctes
et séparables (1).

D'autres enfin, pour prouver que le participe
laissé, suivi d'un infinitif, ne doit pas s'accorder
avec le complément direct dont il est précédé,
font le raisonnement qui suit : *Les idoles que j'ai
vues tomber,* on peut dire, *que j'ai vues tombant ;*
mais, *les prisonniers que tu as* laissés *mourir,* on
ne peut pas dire, *que tu as* laissés *mourant :* d'où
il faut conclure, ajoutent-ils, que le participe
laissé doit toujours être indéclinable, par la raison
que l'infinitif qui le suit ne peut pas se traduire

___

(1) Le grammairien voit deux termes quand le logicien
n'en voit qu'un, parce que l'un et l'autre ont une manière
essentiellement différente d'analyser les parties du discours.

par un participe présent. Cette conséquence est absolument fausse. Si le participe *vu* est déclinable dans cette phrase : *les idoles que j'ai vues tomber,* c'est que le pronom *que* (complément direct du verbe *voir*) est placé avant lui ; et, toutes les fois que le complément direct précède le participe, celui-ci s'accorde avec lui en genre et en nombre. De cette règle générale et invariable, il suit que l'on doit écrire : *je les ai* laissés *mourir, je les ai* laissés *se disputer, je les ai* laissés *manquer de pain,* etc., parce que, dans ces trois phrases, le pronom *les* (complément direct du verbe *laisser*) est placé avant lui, et, en outre, parce que l'on écrirait : *je les ai* laissés *dans les angoisses de la mort, je les ai* laissés *en dispute, je les ai* laissés *sans pain* (1). Prétendre que le participe *laissé* est indéclinable, par la raison que l'infinitif qui suit ne peut pas se changer en un participe présent, c'est poser en principe qu'il faut écrire : *les soldats que j'ai* envoyé *combattre,* par la raison aussi qu'on ne peut pas dire, *les soldats que j'ai* envoyés *combattant.* Tout le monde sait néanmoins qu'on doit écrire : *les soldats que j'ai* envoyés *combattre ; vos filles que j'ai* envoyées *se divertir :* or, de même que vous écrirez : *les soldats que j'ai* envoyés *combattre,* et au contraire, *les troupes que j'ai* envoyé *chercher,* de même il faut écrire : *les acteurs que j'ai* laissés *jouer,* et, au contraire, *les ouvrages que j'ai* laissé *jouer,* parce que, dans la première phrase, le pronom

---

(1) Je suis fâché que M. Jacquemart, dont j'ai lu avec intérêt les *Eléments de la Grammaire française,* ne partage pas cette opinion, qui résulte d'un principe clair et lumineux, et à laquelle il se soumettra sans doute avec le secours de la réflexion.

que est complément direct du verbe *laisser*, au lieu que, dans la seconde, il est complément direct du verbe *jouer*. C'est encore pour la même raison, que tous les Grammairiens et les Editeurs de grammaires nouvelles s'accordent aujourd'hui à écrire : *les acteurs que j'ai* vus *jouer*, et *les drames que j'ai* vu *jouer*. La différence bien sensible qui existe dans ces deux phrases, est évidemment la même que celle qu'on rencontre dans les deux exemples précités : *les acteurs que j'ai* laissés *jouer*, et *les ouvrages que j'ai* laissé *jouer :* d'où il faut conclure sans hésiter, que la différence dans les idées doit nécessairement produire la différence dans l'orthographe des signes qui les représentent.

Quelquefois l'infinitif que le participe *laissé* précède immédiatement, est suivi d'un complément indirect, comme « Mes ouvrages que j'ai laissés jouer par des acteurs médiocres. » Il existe à ce sujet une difficulté sur laquelle fort peu de Grammairiens ont donné leur avis ; et ceux qui l'ont fait, ont opiné contradictoirement : il arrive de là que les personnes qui se servent, en écrivant, de cette locution très usitée, ne savent, si elles doivent, ou non, rendre variable le participe *laissé*. Domergue ne le décline pas ; il a tort, ce me semble, et les raisons que je lui ai données plusieurs fois en faveur de la déclinabilité, n'ont pas paru le convaincre. Il écrit ainsi « *Cette femme trop confiante s'est* laissé *tuer par son médecin.* » Selon lui, l'ordre grammatical est : Cette femme trop confiante a quelqu'un laissé dans cet état, lui être tuant elle. Cet ordre grammatical, où l'on fait disparaître la préposition *par*, est loin d'être clair assurément ; il me semble que la phrase citée par mon savant confrère peut être analysée en ces termes

d'une manière plus naturelle et plus satisfaisante
« Cette femme a soi laissée être tuée par son médecin ; et conséquemment elle s'est laissée tuer par son
médecin. » Domergue dit que « par son médecin »
dépend d'un passif sous-entendu : elle a été tuée
par son médecin. Ce passif n'est pas sous-entendu,
il est réellement exprimé, c'est le mot *tuer* pour
être tuée (1). L'infinitif actif pris dans un sens
passif est une sorte de gallicisme qu'on rencontre
assez souvent dans notre langue. Quand je dis,
par exemple : Cet ouvrage était difficile à faire ;
assurément l'infinitif actif *faire* est employé pour
l'infinitif passif *être fait*. Quand je dis : Les jeunes
littérateurs que j'ai vus couronner par le président
de l'Institut ; il est évident que l'infinitif actif *couronner* fait la fonction de l'infinitif passif *être
couronnés*. Quand je dis : La pendule que j'ai envoyée à raccommoder, il est constant que l'infinitif
actif *raccommoder* est pris dans un sens passif ; et
ce qui le prouve, est la différence qui existe entre
cette même phrase « *la pendule que j'ai* envoyée
à raccommoder » et « *la lettre que j'ai* envoyé
chercher. » L'ordre grammatical de cette seconde
phrase est « j'ai envoyé quelqu'un chercher la
lettre ; » au lieu qu'il faut analyser la première
phrase de cette manière « j'ai envoyé la pendule
pour être raccommodée », et non pas « j'ai envoyé
quelqu'un pour raccommoder la pendule. »

L'opinion que je viens d'énoncer sur le participe *laissé* ou tout autre participe suivi d'un infi-

---

(1) Et en latin, on dira « *Hæc mulier sivit se interimi à
suo medico* ». Lors même que le complément indirect ne
serait pas exprimé, il faudrait encore employer le passif
« *hæc mulier sivit se interimi* », ou bien « *sivit aliquem in-
terimere se* ».

nitif actif en apparence, me conduit naturellement
à parler d'une difficulté bien étrange qu'un homme
de lettres a élevée de nos jours, quoiqu'elle soit
résolue depuis long-temps par tous les Grammairiens, et qu'elle découle de la règle fondamentale
qui établit que le participe passé se décline quand
il est précédé du complément direct du verbe *avoir*
combiné avec le participe, comme « les dames que
j'ai *rencontrées*. —Telle est la question que se fait
et que propose l'écrivain dont je parle : « Doit-on
écrire ? l'histoire que je vous ai *donnée* ou *donné*
à lire ; les maux que tu as *eus* ou *eu* à souffrir.
Voilà une de ces difficultés qu'on peut comparer
aux nœuds qu'on cherche dans le jonc (1). M. ***
admet une différence entre « l'histoire que je vous
ai donné à lire, et l'histoire que je vous ai donnée
pour la lire (2) ; » or il veut que, dans la première
phrase, le participe *donné* soit invariable, et que,
dans la seconde, il se décline. Cependant, si nous
soumettons ces deux phrases à l'analyse grammaticale, nous nous convaincrons qu'elles sont les
mêmes sous des expressions qui varient. « L'histoire que je vous ai donnée pour la lire, est fort
intéressante » ; qu'est-ce que je présente sous l'idée
d'être donné ? R. *L'histoire ;* le complément direct
est placé avant le verbe *avoir,* donc il y a accord.
« L'histoire que je vous ai donnée à lire (ou pour
être lue), est fort ancienne » ; qu'est-ce que je
présente sous l'idée d'être donné ? R. *L'histoire ;*
le complément direct est placé avant le verbe
avoir, donc il y a accord. D'après ce principe in-
contestable, auquel les Grammairiens modernes

(1) *Nodum in scirpo quæris.* (Proverbe des Latins.)
(2) Cette phrase est lourde et presque insolite.

A 4

ont rendu justice, il faut écrire, ainsi que l'a fait Marmontel entre autres, « les guerres que nous avons *eues* à soutenir ; les sommes que vous auriéz *eues* à payer ; les plaies qu'il a *eues* à fermer », comme on doit écrire « les acteurs que j'ai *laissés* jouer ; les pendules que j'ai *envoyées* à raccommoder ; les moyens que j'ai *jugés* convenir, etc. »

P. S. On trouvera chez le même Libraire (Auguste Delalain) d'autres Sujets de compositions, renfermés dans l'ouvrage intitulé *Cacographie*, septième édition, et dont le Corrigé se vend séparément, sous le titre d'*Orthographie*.

LA REVUE
ORTHOGRAPHIQUE.

CHAPITRE PREMIER.

PARTICIPES.

Il ne suffit pas d'avoir appris la Grammaire, il faut encore savoir faire l'application des règles qu'on y a étudiées. — Y a-t-il bien des gens qui puissent se flatter de connaître leur langue, bien même qu'ils l'aient apprise ? N'y en a-t-il pas, au contraire, beaucoup qui ignorent même l'orthographe qu'ils ont étudiée dans un grand nombre de livres ? — Je connais bien des gens qui, tout instruits qu'ils paraissent, violent sans cesse les règles des participes, qu'on leur a cependant enseignées. — Quoi de plus imposant qu'une assemblée d'hommes libres qui se sont réunis pour discuter leurs intérêts, assis sur la terre qui les a vus naître, qui les nourrit, et qu'ils ont défendue contre le joug de la domination ? — L'histoire, l'épopée, la comédie, le drame et le vaudeville se sont disputé l'honneur de célébrer les actions, les sentiments

A 5

et même les plaisirs du bon Henri IV.—Grâce à la fermeté qu'a montrée le Capitan-Pacha, les troubles de l'Egypte sont cessés, et les beys, malgré les intrigues dont on les a entourés, ont promis de ne s'écarter en rien des promesses qu'ils ont envoyées à Constantinople. — Démétrius délivra Athènes du joug qu'on lui avait imposé, et chassa la garnison qu'y avait mise Démétrius de Phalère.—Sa Majesté a adopté tout de suite les mesures qu'elle a crues convenables pour le maintien de l'ordre dans ses vastes Etats. — Comment décrire les funestes ravages qu'un seul instant a accumulés sur l'infortunée ville de Leyde ? — Sans parler des orateurs célèbres que la ville d'Athènes a produits, que de grands hommes en tout genre elle a vus naître dans son sein ! — L'histoire est une vaste mer ; l'auteur dont je parle l'a resserrée dans de justes bornes : c'est une carrière tellement étendue, que les personnes qui l'ont parcourue avec le plus d'attention, oublient aisément les objets infinis qui les ont frappées. — La religion, qu'on a persécutée avec le plus grand acharnement, s'est relevée comme un ressort se relève, dès que la force qui le comprimait s'est retirée. — Le jour de la représentation de cet ouvrage, il obtint beaucoup plus d'applaudissements que jamais auteur n'en avait reçu sur aucun théâtre. — Que d'illustres conquérants que personne n'a célébrés ! On les a plaints de n'avoir eu ni poètes ni historiens.—Malgré la prétention que le siècle dernier a montrée à l'esprit universel, on peut assurer que l'étude d'une science suffit pour absorber les méditations d'un homme—On dit que les sots peuvent bien retrouver les expressions qui les ont frappés, mais comment retrouveront-ils les idées que leur âme n'a point eues ?—Lorsqu'ils

eurent conclu la paix qu'ils avaient tant dési-
rée, ils firent de nouvelles conquêtes pour réparer les pertes qu'ils avaient faites eux et leurs
alliés. — Les poésies qu'il a composées dans son
exil n'ont ni la grâce ni la chaleur qu'on a admirées dans ses autres ouvrages. — Ouvrez à cette
Jeunesse docile qu'on a laissée trop long-temps
sans instruction, ouvrez lui, dis-je, ces sources abondantes que nous ont fournies les plus
grands écrivains de Rome et d'Athènes. — Faites passer en revue devant nous les Alexandre,
les César et tous les héros qu'a produits l'antiquité, pour que nous les comparions aux grands
hommes que la France a vus naître. — On sait assez quelles peines la sagesse du roi et du ministère
a eues pour calmer toutes ces querelles aussi odieu-
ses que ridicules. — Un ami nous a mandé depuis
peu, que le dey d'Alger travaille sans relâche à
réparer les pertes qu'il a souffertes par le bom-
bardement des Anglais. — On leur avait conseillé
de présenter une requête au juge qui les a con-
damnés; mais assurément on les avait mal conseil-
lés. — J'estime après tout que ce sont là des fautes
dont elles ne se sont pas souciées. — Pourquoi,
dit cette mère à sa fille, pourquoi m'avez-vous
laissée ignorer les contestations qui se sont élevées entre vous et votre mari? je les aurais vidées
à la satisfaction de l'un et de l'autre. — Quelle ma-
tière le siècle dernier n'aurait-il pas offerte à la
verve satyrique de Boileau! Combien de mauvais
écrivains, de vils charlatans n'aurait il pas eus à
railler, à confondre! Combien de réputations n'aurait-il pas renversées! — Les mémoires que je vous
ai envoyés, mon ami, datent de mil sept cent
quatre-vingt-onze; ils ont paru dans une circonstance fâcheuse, ce qui n'a pas empêché néan-

moins que les éditions qu'on en a faites, se soient succédé rapidement. — Plus la nation Française acquiert de puissance et de gloire, plus elle doit mettre d'intérêt à connaître l'histoire des temps qui l'ont précédée. — Nous nous applaudissons d'avoir fait revivre des mémoires très curieux que la révolution avait ensevelis dans une sorte d'oubli absolu. — Cette actrice s'est laissé persuader que, pour donner plus de force et de dignité au débit, il faut enfler le gosier, et grossir la voix. — Je rouvre la plus grande plaie qu'ait jamais faite au genre humain le glaive des persécuteurs. — Tu vois cet astre qui va finir son cours; que de biens, depuis son aurore, n'a-t-il pas faits à la nature! — Les lois humaines commencent et finissent avec les empires qui les ont vues naître. — L'Angleterre a fait une grande perte dans ce héros dont le nom et la réputation seuls étaient d'une grande ressource pour ce pays. — Le parti de la guerre mit à profit l'erreur dans laquelle nos adversaires s'étaient laissé entraîner. — Le servile troupeau des imitateurs veut toujours suivre les esprits supérieurs qui se sont ouvert des routes nouvelles. — Cet ouvrage peut être regardé comme un des livres les plus beaux et les plus utiles qu'ait produits la littérature du dix-huitième siècle. — Que de jeunes-gens se sont formé l'esprit et le cœur en lisant les bons ouvrages qu'on leur a donnés ou qu'ils se sont procurés eux-mêmes! — Combien d'hommes se sont corrompus par la fréquentation de personnes qu'ils auraient dû fuir avec le plus grand soin! — Cet écrivain a rassemblé dans un cadre convenable toutes les notions qu'il a recueillies sur les arts et sur les mœurs privées des différents peuples du continent. — Écoute,

généreux prince, et puisse l'exemple de ma patrie
t'enseigner à garantir ces bords du fléau qui l'a
ravagée ! — Quels obstacles le génie de l'homme
n'a-t-il pas surmontés ! quels monuments n'a-t-il
pas élevés dans le domaine des arts ou dans celui
de l'imagination ! — Les Russes sont venus tard, et
ayant introduit chez eux les arts tout perfection-
nés, il est arrivé, dit Voltaire, qu'ils ont fait plus
de progrès en cinquante ans, qu'aucune nation
n'en avait fait par elle-même en cinq cents années.
— L'homme fidèle à ses devoirs est assez vengé
des sarcasmes des libertins, par l'estime que lui
ont toujours portée les honnêtes gens. — Pourquoi
cet enfant dort-il sans cesse la bouche et les yeux
ouverts ? — Je vous ai fait porter une demi-aune
de cette belle étoffe que vous avez tant prisée chez
moi. — Vous ne doutez pas que les Racine, les Corneille ne soient des hommes très rares ; lisez souvent les chefs-d'œuvre qu'a produits le beau siècle
de Louis XIV. — Voici un bel orgue acheté depuis peu ; les orgues qui ont remplacé les nôtres
étaient assurément moins belles et moins chères.
— Ces hommes, tout instruits qu'ils sont, ignorent
encore bien des choses qu'il ne nous est pas donné
de connaître. — Quelle opinion avez-vous eue de
cette femme qui s'est laissé assigner, au lieu de
payer les dettes qu'elle a contractées ? — Le jeu et
la danse que votre sœur a toujours aimés, ont beaucoup nui aux progrès qu'elle aurait faits dans l'é-
tude des sciences qu'on lui a enseignées. — Les
avares, quelle que soit leur opulence, ont constamment refusé aux pauvres une partie des biens
qu'ils ont reçus de la fortune. — Les secrets que
j'avais confiés à votre frère, ont transpiré, je ne
sais pour quelle raison ; je comptais davantage sur

sa discrétion que j'ai toujours comme et appréciée. — Que penser de ceux qui se sont laissés vaincre par la douleur, au lieu de la supporter avec cette résignation qui convient au vrai philosophe?

Nous devons tout oublier, excepté nos devoirs, quand il s'agit de rendre service à un ami : c'est une leçon fort sage que nous ont donnée là Sénèque et Cicéron. — Pourquoi faut-il qu'aujourd'hui le mérite et la vertu languissent oubliés! — Cette femme ne s'est rendue dans le couvent qu'elle habite, que parce que ses parens l'y ont forcée : or, je vous le demande, pourquoi avoir contraint une jeune personne, qui ne s'est consacrée tout entière à Dieu, que dans la crainte de déplaire à l'auteur de ses jours? — Les commentaires et les éditions qu'il a consultés, les éclaircissemens et les interprétations qu'il en a tirés, les imitations ou traductions, tant en vers, qu'en prose, qu'il a rassemblés, prouvent combien de peines il s'est données. — Les affaires que je vous avais recommandé de garder sous le sceau du secret, n'auraient jamais dû être dévoilées; cependant aux oreilles de combien de personnes ne sont-elles pas parvenues! — Les femmes se sont gâté l'esprit par la lecture des romans qu'elles se sont procurés, et qu'elles ont lus avec une avidité qu'on ne peut concevoir. — Quelle que soit notre érudition, nous ignorons, tous tant que nous sommes, beaucoup plus de choses que nous n'en avons appris. — L'auteur de cet ouvrage a pris les événemens à l'époque où les a laissés l'excellent Tableau historique et politique de l'Europe, que nous a donné M. de Ségur. — Aimez toujours vos parens, souvenez-vous de la peine

qu'ils ont eue à vous quitter. — On le vit pieds
nus, précedé de cent cinquante religieux qui
étaient nu-pieds aussi. — Ma tante s'est toujours
concilié l'estime des personnes qui l'ont connue ;
sa vertu et son savoir lui ont gagné la bienveillance et la considération publiques. — Le tour que
Fénélon donnait à ses expressions, faisait croire
à bien des gens qu'il possédait toutes les sciences
comme par inspiration ; on aurait dit qu'il les
avait même inventées, plutôt qu'il ne les avait
apprises. — On prétend que sa doctrine fut condamnée et sa fortune détruite par les mêmes
moyens qu'il avait employés pour l'élever. — Messieurs, la·nature semble vous avoir appelés à
réparer la perte des hommes célèbres que la révolution a enlevés à l'étude et à la science des lois ;
veuillez donc diriger nos premiers pas dans la car-
riere qu'ont parcourue les personnages illustres dont
on nous a entretenus. Cette carrière est semée d'é-
cueils que l'expérience n'a heureusement indiqués
à aucun de vous. — La très injuste persécution
dont ils ont été les victimes pendant plusieurs années, semble en avoir rendu quelques-uns exigeants
et inflexibles. — Les lettres et les beaux-arts
étaient menacés d'une décadence prochaine ; nous
les avons relevés ; et l'on peut dire que les unes
et les autres ont aujourd'hui plus d'éclat et de
solidité qu'ils n'en ont jamais eu. — Vous voyez
que tous ces événements se sont succédé de la façon
que je l'avais pensé. — Quelles que soient nos
connaissances, ne dédaignons pas celles que nous
avons reconnues dans les autres. — C'est par la
tradition, que s'est conservée la religion avant
la naissance de Moïse. — L'histoire que j'ai lue m'a
paru fort agréable ; l'ayant retenue par cœur, je

pourai vous la rapporter. — La critique impartiale a trouvé dans cet ouvrage des incorrections et des négligences; le traducteur ne se les est pas dissimulées. — Les anecdotes que nous a racontées ce voyageur, nous ont paru très curieuses; nous ne les avons vues consignées dans aucun recueil. — Il est faux que vous ayez prêté cette somme, puisque vous ne l'avez pas articulée dans votre mémoire. — Les rois, quelque puissants qu'ils paraissent, quelle que soit leur autorité sur la terre, les rois, dis-je, ne peuvent devancer la marche des temps. — On assurait que la Hollande s'était laissé conquérir, pour être dispensée de combattre. — Sans croire à la métempsychose, j'espère que nous nous reverrons, que nous nous retrouverons un jour, sous quelque forme que ce puisse être. Cette douce espérance, je l'ai toujours nourrie, entretenue dans mon cœur. — Ces pièces de théâtre seraient aussi séduisantes à la lecture qu'à la représentation, si leurs auteurs les avaient écrites comme ils les ont conçues. — Parmi les personnes que le Saint-Père a reçues dans les dernières audiences qu'il a données, on a remarqué une jeune dame qui s'est présentée avec un visage où se peignaient la décence et le recueillement. — Madame de Sévigné dit quelque part : Ce sont ces réflexions qui m'ont aidée à me faire prendre patience. — Cet homme avait depuis long-temps des motifs de chagrin, qu'il n'avait jamais laissé soupçonner. — Après les souffrances de toute nature, que nous avions endurées, je ne sais pourquoi l'on nous mit en prison..... Assurément, nous ne l'avions pas mérité ! — Malgré leurs découvertes, ces savants ne se sont pas dissimulé combien de services la physique a rendus jusqu'à ce jour à l'humanité. — L'antique réputation de science et de sagesse, que peut-être une fois leur Ordre avait méritée, suffisait pour conserver la puissance qu'ils avaient acquise. — De toutes les opinions sur la crue du Nil, que Diodore a réunies en citant leurs auteurs, la plus inepte est celle des prêtres de Memphis. — Les noms ont peu changé, sauf la manie qu'ont eue les Grecs d'imposer aux villes des noms de leur langue, que le peuple n'adoptait pas, et qui se sont effacés avec les dynasties qui les avaient créés.— J'espérais de lui des notions plus exactes sur le nom de Thèbes, sa patrie, et sur les régions méridionales qu'il a visitées. — Il nous parle de certaines femmes qu'on a vues vivre avec les pestiférés, et dont une entre autres s'est inoculé la peste.—Je crois que son mérite et sa vertu ont été récompensés, comme ils devaient l'être; on lui a rendu autant de services qu'il en avait lui-même rendu. — Cet empire subit la loi qu'avant lui le vaste empire de Bélus et celui de Cyrus avaient subie.—Nous sommes persuadés que ces poésies retomberont dans l'oubli d'où on les a tirées; on peut comparer leur auteur à ces cadavres qu'on a trouvés dans les ruines d'Herculanum; ils semblaient respirer encore, mais ils sont tombés en poussière, lorsqu'on les a exposés au grand jour.—Plusieurs personnes se sont demandé si le but de la Dunciade est moral; la question n'est pourtant pas indécise. — Pourquoi cette jeune personne s'est-elle laissée effrayer par de telles menaces? Il fallait qu'elle fît paraître plus de hardiesse qu'elle n'en a montré.—Ferraud y fut amené après la victoire de Bouvines, chargé des chaînes qu'il avait, dit-on, préparées pour Philippe-Auguste. — Nos pères, s'ils revenaient, auraient bien de la peine à reconnaître les demeures qu'ils ont habitées. Les descriptions qu'en ont laissées nos aïeux, sont pour nous comme l'histoire de ces nations qui ont disparu sans laisser aucune trace de leur passage sur la terre. — Il veut ôter de dessus la feuille une fleur de belle-de-nuit, que le peintre semblait avoir laissée tomber d'un bouquet. — Sa nature ne lui permet pas de voir les traces de cette corruption et de cet avilissement que des philosophes anciens avaient soupçonnés. — Lorsque la critique vint flétrir les lauriers que Bernard avait cueillis dans les champs de la littérature, l'auteur était tombé dans une espèce de démence. — Quelle influence n'ont pas eue les plus petites passions, les plus légères circonstances sur la destinée des êtres répandus sur ce globe ! — Un homme d'esprit demandait, en parlant de deux dames de la cour, qui s'étaient querellées : Se sont-elles appelées laides ? — Non. — Eh bien ! je me charge de les réconcilier.

L'étude de la jurisprudence me paraît une étude que nous avons trop négligé jusqu'ici de cultiver. — Si je m'étais occupé à recueillir toutes les absurdités que des témoins soi-disant oculaires m'ont affirmées, j'aurais entassé plus d'erreurs que Diodore n'en a commis. — Les enceintes d'anciennes villes que j'ai observées en assez grand nombre, égalent à peine en étendue nos villes modernes de sept à huit mille habitants ; cela diminue beaucoup l'opinion exagérée qu'on s'était faite de l'ancienne Égypte. — Cette femme, tout impérieuse qu'elle est, s'est laissé abattre au milieu des adversités qu'elle a éprouvées. — Le grand bouleversement de ces derniers temps vint achever les ouvrages qu'avait commencés la mode. — Combien de preuves de son affection ne m'a-t-il pas données

depuis que j'ai l'avantage de le connaître ! — Il
sera érigé une colonne dans cet endroit pour per-
pétuer le souvenir des braves qui se sont immolés
aux intérêts de la patrie. — C'est bien mal rai-
sonner, dit M. Hume, que de faire sans cesse l'énu-
mération des maux que la religion n'a pas empêchés, sans vouloir lui tenir compte de ceux qu'elle
a prévenus, et des biens qu'elle a faits ! — L'hon-
nêteté et l'intégrité sont des vertus que l'on a de
tout temps recommandées à l'avocat, quelque opinion qu'il ait embrassée.—Ces diverses maisons que
vous avez fait construire en si peu de temps, les
meubles dont vous les avez garnies, les terrains que
vous y avez attachés, ont dû nécessairement altérer
vos capitaux. — Cet écrivain a puisé dans les mémoires qu'on a vus paraître successivement, dans
les rapports officiels, enfin dans la plus grande partie des ouvrages qu'on a publiés sur la révolution.
— Quels progrès l'espèce humaine n'aurait-elle
pas faits dans la route des sciences et de la sagesse,
si elle n'en avait pas été détournée par des affections particulières qui l'ont égarée et fixée dans l'erreur ! — Heureuse la femme qui s'est donnée, si
elle pouvait conserver pour ami l'homme auquel
elle a soumis sa destinée ! — L'éloquence décrit
en traits durables ces ravages qui ont frappé quelques parties de la terre, ces tristes batailles qui
l'ont désolée. — Ce sont pourtant de pareilles chimères que les philosophes ont embrassées par haine
pour Moïse. — L'ouvrage que nous annonçons est
un des plus importants qu'on ait encore publiés sur
les principes fondamentaux de la chimie. — Ce
qui paraissait l'affliger le plus, c'était l'aliénation
dans laquelle était tombée une fille qu'elle avait
adoptée depuis que des parents dénaturés l'avaient

impitoyablement délaissée ; cette aliénation provenait de l'effroi et de l'horreur qu'elle avait éprouvés, en se voyant saisie par des brigands. — J'ai retranché les choses qu'un plus mûr examen et un jugement plus sûr m'ont démontrées reposer sur de trop légers fondements. — La nourrice continue de distraire sa fille en développant les étoffes et les divers présents que son bienfaiteur lui a apportés. — Les hommes que vous m'avez procurés, sont les plus sottes gens que j'aie jamais vues. — Nous l'agrégeâmes à l'ordre respectable de ces Anges tutélaires qui se sont dévoués aux pénibles fonctions de la charité envers les malades. — Combien n'ai-je pas été ému des paroles que j'ai entendu prononcer dans l'auguste cérémonie à laquelle j'ai assisté ! — Qui peut se vanter de connaître mieux que lui les devoirs d'un critique, et qui les a mieux définis qu'il ne l'a fait en reprochant à Fréron de ne les avoir pas remplis ?—Fiers des connaissances que nos ancêtres nous ont transmises, et de celles que nous y avons ajoutées, nous nous glorifions de nos lumières et nous disons : Quel siècle fut plus éclairé que le nôtre ! — Les philosophes que vous m'avez cités, et qui ont vu ces climats que j'ai parcourus moi-même, nous ont rendu familières les mœurs, les coutumes et les habitudes des Russes. — Il décrit les antiquités qu'il a rencontrées dans son voyage ; mais, d'après son aveu même, on peut craindre que les recherches qu'il a faites, n'aient pas été bien sévères. — Parmi les poètes que tu as négligé soit de traduire, soit de commenter, on doit faire mention surtout de Lucrèce et de Lucain que peut-être tu n'as jamais lus.—On sait que les jeunes médecins prennent la perruque pour avoir l'air sage ; mais c'est, non pas à leur costume, mais au nombre des malades qu'ils ont guéris, qu'on juge de l'habileté des médecins. — Quels que soient les biens ou les maux que la fortune me prépare, je les supporterai avec la plus ferme résignation, avec ce courage et cette constance que m'ont donnés mes premières souffrances dans le monde. — Quels ouvrages de Racine avez-vous lus, mon ami, et quelles beautés y avez-vous remarquées? — Ces villes n'étaient rien autrefois, c'est le commerce seul qui les a enrichies, c'est la bonne police qui les a rendues florissantes. — Les instructions que ce jeune-homme a reçues, lui ont servi dans tous les temps. — Les raisons que cet écrivain nous a alléguées, vous ont-elles paru recevables? — On a beaucoup parlé de ces pierres qui sont tombées du ciel; mais ceux qui en ont parlé, les ont-ils vues tomber? — Ces femmes étaient fort légères, je les ai admirées danser. — Messieurs, je vous ai demandé la plus grande attention, et vous me l'avez accordée; c'est pourquoi j'espère ajouter à la somme des connaissances que vous avez déjà acquises. — On vous aurait livrés, tous tant que vous êtes, au plus grand ridicule, on vous aurait voué le mépris le plus vrai, si vous n'aviez pas profité ici des instructions qu'on ne vous a pas épargnées. — L'effroi et l'inquiétude que tu as répandus dans ce hameau, en ont consterné tous les habitants. — Quelque répugnance que vous montriez, et quelle que soit votre aversion pour tout ce qui vous captive, vous remplirez néanmoins les intentions que m'ont manifestées vos parents, qui veulent que votre éducation, qu'ils m'ont confiée, s'achève sous leurs yeux. — On est effrayé de la peinture que ce voyageur a tracée des tourments qu'il a soufferts avec ses compagnons, tantôt en luttant contre la fureur des éléments auxquels le chef de l'expédition les avait abandonnés, tantôt en livrant un combat opiniâtre contre les cruelles maladies qu'ils ont tous essuyées.—Ces découvertes qu'on nous a annoncées, surpassent de beaucoup celles qu'ont produites les plus fameux voyages anglais.

— Les rencontres que nos voyageurs ont eues avec les sauvages de ces différents pays, on les a racontées d'une manière piquante et instructive. — Quelle étude plus noble, plus digne de l'homme, que celle qui a pour objet les merveilles qu'une main toute-puissante a semées sur toute la surface du globe! — Les succès que ce jeune-homme a obtenus, ne sont pas aussi grands que je l'avais espéré. — On trouve dans cet ouvrage beaucoup d'autres fautes plus faciles à corriger, que l'auteur néanmoins a laissées subsister.

— Ma fille, je vous ai souvent entretenue de vos défauts, je vous ai priée de vous en corriger; cependant je ne vois pas que vous les ayez encore déracinés de votre cœur. — Tout le monde admire la valeur qu'ont déployée dans cette occasion les troupes belliqueuses que nous avons conduites sur le champ de bataille. — Les habitants nous ont rendus maîtres de leur place, que des conquérants moins habiles avaient crue jusqu'ici imprenable. — Je ne suis point étonné de la justice que vous ont rendue les personnes que vous avez fréquentées depuis votre séjour dans cette cité. — Notre docteur prétend que les animaux ont d'abord été dans l'état de nature. Ils ont vécu à-peu-près seuls et isolés; ils se sont ensuite formés en sociétés plus ou moins nombreuses; ils ont contracté de nouvelles habitudes, et leurs mœurs se sont altérées.

— La même chose est arrivée à l'homme. Sa nouvelle manière d'exister a influé sur sa constitution physique., sa sensibilité a diminué, ses besoins ont changé de nature et se sont augmentés ; il lui a fallu des habits, un logement, des occupations ; ses passions sont devenues plus impérieuses, mais en même temps son organe s'est plus exercé, son imagination s'est embellie, il est ainsi parvenu à l'état où nous le voyons.

Quel usage ne fera pas un Général d'armée des secrets que l'étude lui a revelés, si, après avoir fait glorieusement la guerre, il est chargé de travailler à la paix ! — Quelque vives que soient les pensées et les expressions, il faut que l'air en augmente la vivacité : c'est une de ces maximes qu'on a toujours recommandées aux orateurs.—L'église qu'on a commencé à batir, sera achevée bien avant la Chandeleur, époque qu'on a fixée pour l'ouverture de ce nouveau monument.—Je ne saurais vous décrire les soins et les peines que cet ouvrage plein de recherches m'a coûté. — Mes amis, on vous a demandé la plus grande application à vos devoirs ; pourquoi donc ne l'avez-vous pas apportée jusqu'ici en travaillant ?—Je vous conjure de garder ce gage authentique de la foi que je vous ai jurée. — Messieurs, quelqu'un vous a demandés la dedans, et cependant vous n'êtes pas sortis pour voir ce dont il s'agissait ! — Les statues que nous avons vues arriver, et qu'on a découvertes ensuite devant nous, ont paru à tous ceux qui les ont admirées, l'ouvrage des plus habiles maîtres. — O ma fille ! quel Dieu t'a rendue à ton père ? comment t'avais-je laissée aller seule au temple ? — Les chrétiens invincibles dans le fer et dans les flammes, se sont laissés amollir par les douceurs de la paix. —Que de peines, ô mon fils, ne m'as-tu point causées dans ton enfance ! — Tout homme dont les sentiments sont élevés et généreux, qui garde au fond du cœur une légitime indépendance, me semble respectable, quelles que soient d'ailleurs les opinions politiques qu'il a jadis manifestées. — Quelles contrées avez-vous parcourues dans votre exil ? Avez-vous vu les plaines de la Troade, que l'on nous a tant vantées ?—La vertu, qu'ont toujours pratiquée les hommes exempts d'ambition, vaut infiniment mieux que les richesses, qu'a toujours méprisées le vrai philosophe. — Les discours que vous avez entendu tenir, sont fort ridicules ; ils annoncent de la jalousie, passion vile que j'ai toujours détestée.—Quelles que soient vos instances pour m'engager à rester, quelque satisfaction que j'aie à passer près de vous des moments agréables, je ne puis me dispenser de vaquer à mes affaires que je n'ai que trop négligées.—Cette femme était tout interdite, quand je l'ai rencontrée, ses mains étaient tout ensanglantées ; je n'ose croire cependant au crime affreux dont on l'a accusée. — Les juges que j'ai entendus prononcer la sentence fatale, ne s'étaient pas laissés séduire par les offres magnifiques qu'on leur avait faites. — Quelques raisons que vous puissiez me donner, quels que puissent être vos sujets de plaintes, quelle qu'ait été la conduite qu'ont tenue envers vous vos parents, quelque sévérité qu'ils aient montrée à votre égard, je vous blâmerai fortement, si vous ne les pressez d'oublier le peu de soumission que vous leur avez témoigné. — Loin d'arrêter cette bête furieuse, qu'on avait pourchassée avec toutes les précautions possibles, on l'a laissée passer tranquillement au milieu de la ville. — Pouvez-vous m'envier les récompenses que m'ont valu tant de travaux entrepris dans la seule vue d'être utile? — Quels que soient vos torts, ils seront bientôt oubliés par votre père et votre mère, que vous avez réellement offensés. —Qui pourrait méconnaître jamais les soins et les caresses qu'il a reçus de ses parents? — Ah! que ces soldats étaient braves! Quelle joie ils ont témoignée! Il n'est personne qui ne les ait vus passer, sans éprouver quelque émotion. — Les oracles que j'ai vus s'accomplir, avaient été prédits par le devin Calchas. — Les deux armées ne se sont pas plutôt rencontrées dans les plaines d'Italie, qu'elles se sont battues avec un vif acharnement.—Que sont devenus ces monuments bâtis par les Romains? Le temps les a tous dévorés. — Pâque sera bientôt venu; le temps s'écoule avec tant de rapidité, que nous touchons déjà à Pâques fleuries. — J'ai causé avec cette femme dont on nous avait vanté les connaissances et le jugement exquis, je l'ai trouvée beaucoup moins instruite et moins sensée que je ne l'avais cru. — La fière Junon fut irritée de ce que, la Discorde ayant jeté une pomme d'or sur la table, l'audacieux Pâris l'avait adjugée à la reine des Amours. — Cette femme nous assommait par son babil, je l'ai laissée ennuyer son monde, et je me suis esquivé sans mot dire. — Ces voyages que je vous ai fait remettre, et qu'a traduits un écrivain très exercé, vous feront passer des quarts-d'heure fort agréables.—Métellus exilé se retira à Rhodes, retraite qu'il s'était choisie; il s'y adonna entièrement à l'étude des belles-lettres qu'il avait toujours cultivées avec succès.—C'est à mon avocat, qui s'est chargé d'une cause qu'il n'a pas entendue, que je suis redevable des énormes dépenses que j'ai faites pour réussir.—Qui connaît mieux que moi les sommes exorbitantes que m'a déjà coûté cette malheureuse affaire, que j'aurais terminée plutôt, si j'avais choisi un homme plus intelligent? — Ces fables, tout aisées qu'elles sont, n'ont pu être traduites par ce professeur malhabile qui paraît avoir négligé le peu d'instruction qu'il a reçu. — Ce jeune étourdi a révélé les secrets que je lui avais confiés; aussi, quelques excuses qu'il apporte pour se justifier, quelles que soient les promesses qu'il me fasse, je lui refuserai à l'avenir ma confiance, qu'il avait toujours eue jusqu'à présent. — Le mari et la femme sont infortunés, quand il ne règne pas entre eux un accord, une union parfaite. — Cette jeune personne est déjà avancée en âge; pourquoi l'avoir laissée perdre tout son temps à étudier le blason et la musique, qu'elle n'a jamais aimés? — A vous dire vrai, quelques grâces qu'on lui ait toujours prêtées, je la trouve d'une maladresse et d'un gauche étonnants. — La bataille que j'ai vue se livrer, m'a donné une idée suffisante de la guerre. — Ceux avec qui nous avons eu des relations, sont d'ennuyeuses gens; je les ai abandonnés, dès que j'ai pu le faire décemment. — Il s'est élevé une discussion très vive relativement à la nomination du duc d'Yorck au commandement des troupes que sa Majesté s'est proposé d'envoyer sur le continent. — Les soldats s'empressèrent de rendre à la terre les ossements de leurs ancêtres, que l'insolence de la victoire avait entassés. — Cet événement eut lieu le jour même où les Suisses devaient célébrer l'anniversaire de la victoire mémorable qu'avaient remportée leurs pères sur les troupes du dernier duc de Bourgogne. — Il serait à souhaiter que l'on veillât à la conservation de ces autres superbes monuments que, depuis la révolution, on a laissés tomber en ruine. — Quel homme étonnant ! il lui fallait des rivaux ; il n'en aurait pas rencontré dans la carrière des lettres, qu'il avait abandonnée pour cette raison. — L'estime dont cet ouvrage a joui jusqu'à présent, est suffisamment constatée par la rapidité avec laquelle se sont succedé les éditions qui en ont déjà paru. — Il était réservé à Robert Garnier de faire sortir la tragédie de cette espèce d'enfance où on l'aurait laissée, si l'on ne s'était enfin éloigné de la route que Jodelle avait toujours suivie.—Que sont devenus ces monuments qu'on a érigés à grands frais ? La main du temps les a détruits. — Il ne reste plus rien de ces orgueilleuses pyramides qu'avaient élevées des nations jalouses de transmettre à la postérité le souvenir des hommes qu'elles avaient honorés.—Je ne crois pas que j'eusse besoin de cet exemple d'Euripide pour justifier le peu de liberté que j'ai pris.—Votre mère s'est réservé le droit de vous reprendre ainsi qu'elle l'a fait, toutes les fois qu'elle l'a jugé convenable. — Combien de difficultés n'a-t-il pas vaincues en traduisant cet ouvrage dans une langue qu'il n'a jamais étudiée à fond ! — Les personnes que vous avez saluées ce matin, m'ont paru extrêmement polies et affables. — Il a ordonné qu'on arrêtât tous les vaisseaux ennemis armés ou non armés, excepté ceux qui exercent uniquement la pêche que nous avons tolérée jusqu'à ce jour.— Les tragédies que Corneille et Racine ont composées, seront toujours en possession de l'admiration publique.

Je ne saurais vous peindre la vive émotion que m'a causée le récit d'un pareil désastre. — J'avais vingt ans ; les dernières fleurs s'étaient épanouies aux doux rayons du mois de mai, quand je quittai ma patrie, après l'avoir abandonnée à son malheureux sort. — Les demoiselles que j'ai entendues chanter, m'ont paru douées d'un bel organe.—

Connaissez-vous ces ouvrages antiphilosophiques qu'a publiés un écrivain moderne? les avez-vous parcourus, ou même en avez-vous seulement entendu parler? — Que sont devenus ce fils et cette fille que j'ai tant aimés? Qu'avec plaisir je les serrerais aujourd'hui entre mes bras!
— On ne sait pas ce qu'est devenue leur arrière-garde que nos troupes ont disséminée. Leur cavalerie s'est, dit-on, ralliée pour protéger le passage de l'infanterie par un défilé; mais nos chasseurs l'ont bientôt culbutée, et ils se sont jetés avec l'infanterie ennemie dans le défilé. — La canonnade a été assez vive; on a poursuivi cette division que l'obscurité de la nuit a sauvée; une partie s'est éparpillée dans les bois; il n'a été fait que cinq cents prisonniers, qu'on a aussitôt amenés en France.
— Vos observations, quelque judicieuses qu'elles soient, ne nous ont pas séduits. — Le passage des troupes que tu as vues ce matin, a fait renchérir les vivres, et même les a rendus très rares.—Les ouvrages que vous avez négligé de lire, mes amis, vous auraient sans doute formé l'esprit et le cœur. — Les ariettes que tu as entendu chanter aujourd'hui, ne sont pas dignes du compositeur habile qui les a produites. — Une mère faisait ce reproche à sa fille : Vous avez toujours paru fuir ma société; toujours vous m'avez préféré vos compagnes, quoique je vous aie sans cesse comblée de bienfaits.—Je pense que ce vacarme horrible m'a rendu l'ouie que j'avais perdue. — L'esprit et la vertu que j'ai toujours tant appréciés, se trouvent réunis chez cette femme aimable, qui mérite les compliments et les louanges qu'on lui a constamment prodigués. — Il a pris part aux combats qui se sont livrés sur la frontière, et il y a déployé une valeur, un courage que tout le monde a admiré.

— Ces peuples se sont laissés aller aux attraits de la volupté, de cette sirène enchanteresse qui les a perdus sans ressource. — Le Général les ayant sommés de remplir l'obligation qu'ils avaient contractée, on assure qu'ils s'y sont refusés.—Revenus de ce voyage très périlleux, nous en avons été quittes pour la peur, et la voiture nous a ramenés au point d'où nous étions partis. — Ces auteurs ont voulu briller par la richesse des expressions qu'ils ont employées dans leurs écrits, par les images pompeuses qu'ils y ont prodiguées, par l'érudition qu'ils y ont répandue sans raison; quant à nous, nous n'avons cherché qu'à plaire aux gens de bien et aux mères de famille. — Jeunes étourdis, les regrets douloureux vous ont suivis dans l'âge mûr, la société vous a rebutés, les hommes vous ont refusé leur estime, et vos douces erreurs se sont effacées comme le sillon fugitif qu'un vent léger trace sur l'onde. — Cet homme était si abondamment favorisé par la nature et par la fortune, que l'une et l'autre semblaient s'être disputé la gloire de le combler de leurs bienfaits. — On ne peut se faire une idée juste de l'horreur que leurs soldats ont inspirée en Moravie, où ils ont brûlé les plus belles habitations qu'on ait jamais vues. — Est-il vrai qu'on voulût nous tracer d'autres bornes que celles que notre modération a reconnues? — Vienne a reçu dans ses murs nos troupes victorieuses, Vienne qui se croyait défendue contre nous plus encore par son éloignement, que par les armées nombreuses qu'elle avait rassemblées autour d'elle.—Ce Général a rempli avec une célérité et un bonheur étonnants les ordres qu'il a reçus de son prince. — L'auteur nous a donné des aperçus très intéres-

sants sur les noirs et sur les mulâtres ; il a de grandes
connaissances en physique, et il les a surtout développées dans un mémoire qu'il a remis au ministre de la marine. — Cette femme n'a éprouvé de
votre part, que des impertinences qu'elle n'aurait
pas eues à craindre d'un ami véritable. — On peut
poser en principe qu'un fait isolé, quelles que
soient les apparences, ne peut pas prouver ce que
d'autres faits rendent impossible, ni réfuter ce qui
existe nécessairement. — Comment le peuple Egyp-
tien aurait-il accordé un culte extraordinaire aux
ibis ? Pourquoi les aurait-il respectés et nourris,
pourquoi les aurait-il sculptés dans ses temples,
embaumés, après leur mort, avec autant de soin,
si ces oiseaux ne l'avaient pas délivré des serpents ?
— Que d'hommes se sont persuadé faussement que
le bonheur et la vraie félicité consistent dans les
biens qu'on a amassés ! — Comment les Athéniens
ont-ils pu trouver du sel dans de pareilles ordures
qu'on leur a débitées ? Puisque les comédies d'A-
ristophane les ont fait beaucoup rire, il n'est pas
impossible qu'ils aient souvent ri d'une sottise.
— Nous opposerons leurs maximes bénignes à leurs
procédés tyranniques ; nous rapprocherons les
principes qu'ils ont établis, et les conséquences
qu'on en a tirées. — Si nous voulions accepter notre
sort, et nous livrer à toutes ces ressources, nous
ne tarderions pas à recouvrer autant de sujets
d'intérêt, que nous en avions perdu. — Le dernier
trait qui termine ce tableau n'est pas un des moins
heureux qu'ait inspirés la haine du despotisme. —
C'est le christianisme qui a notifié la vraie morale à
l'univers, qui l'a sanctionnée par ses dogmes, qui
l'a rendue populaire par son culte. — Cette femme
n'est pas aussi méchante qu'on l'avait cru ; elle

s'était persuadé que chacun en voulait à ses jours, et elle avait pris le parti de fuir la société qu'elle avait tant aimée autrefois.—S'il est important d'étudier les mœurs des peuples, les lois qu'ils se sont données, les coutumes et les usages qu'ils ont pratiqués, il n'est pas moins utile de connaître les talents, les vertus et les vices même de ceux qui les ont gouvernés, et qui, par la bonne ou la mauvaise conduite qu'ils ont tenue dans le haut poste où Dieu les avait placés, ont contribué à l'élévation ou à l'abaissement des États qui les ont eus pour guides et pour maîtres. — La ligue ionienne ne s'était pas laissée décourager par la retraite des Athéniens. — Il est des livres et des réputations qui doivent une partie de leur éclat aux temps et aux sociétés qui les ont vus naître. — En voyant leur Général mort, les blessés pensent à la perte qu'ils ont faite, et non aux blessures qu'ils ont reçues. — Wicquefort et Bacon ne sont pas les seuls qui se soient faits les apologistes de Machiavel; Montesquieu et Rousseau se sont aussi déclarés pour cet écrivain. — Quelque esprit que Fontenelle ait répandu dans son Histoire de l'Académie des Sciences, de quelque aménité, de quelques grâces qu'il l'ait ornée, on ne peut s'empêcher de convenir qu'il s'éloigna du véritable principe qui doit diriger l'écrivain dans la composition de ces sortes d'ouvrages. — Ils se sont laissé prendre au piége qu'on leur avait tendu, ce qui prouve le peu de prévoyance qu'ils ont montré dans cette affaire. — Tous jurèrent alors d'obéir sans délai aux ordres du Pacha, et eurent autant d'impatience d'aller à l'assaut, qu'ils en avaient eu peu le jour précédent.—Quels héros le véritable amour de la

patrie n'a-t-il pas enfantés dans tous les temps!
et combien ils ont rendu de services au pays
qui les a vus naître! — Nous regarderons ce
monument comme un des plus grands bienfaits
qu'ait jamais reçus le genre humain. — Les
tempêtes politiques se sont à peine retirées;
on veut qu'elles ne puissent plus sortir de leurs
cavernes où une main protectrice les a enchaî-
nées. — La ville de Paris ne fut appelée *ville
de Jules*, que lorsque Jules César l'eut fortifiée et
embellie. — Une mère tient à la tendresse de ses
enfants jusqu'à s'en montrer jalouse; les douleurs
qu'ils lui ont causées, les soins qu'elle a prodigués
à leur jeune âge, toutes les espérances qui l'ont
agitée, ont, chaque jour, confondu davantage leur
existence avec la sienne. — Tels sont les honneurs qu'ont obtenus parmi nous les talents d'un
grand orateur, les vertus d'un magistrat célèbre.
— Cet écrivain a brisé les bornes que la morale a
données à nos assertions les plus légitimes. — D'a-
près le zèle et l'intérêt que vous m'avez témoigné, Madame, vouloir porter à la personne dont
je vous ai entretenue, je crois devoir vous l'a-
dresser aujourd'hui.

Les événements qui se sont succedé et pressés
depuis trois mois, seront bien dignes d'occuper
la postérité la plus reculée. — J'ai eu grande
pitié de ces malheureux jeunes-gens que j'ai
vus emmener par des gendarmes; je ne pense
pas qu'ils aient rien à se reprocher. — La plûpart de ceux qui se sont livrés à ce genre de
travail, se sont laissé entraîner à des systèmes;
plus il fallait de rigueur dans la méthode,
moins ils en ont eu. — Pourquoi ne pas croire
à ces nouveaux prodiges? on en a tant vu

depuis quelques années, qu'on peut ajouter foi à ceux qu'on nous a racontés. — Il faut remonter jusqu'à l'enfance du monde pour connaître comment se sont formés les États et les royaumes qui ont partagé l'univers, par quels degrés ils sont parvenus à ce point de grandeur que l'histoire nous montre, par quels liens les familles et les villes se sont réunies pour composer un corps de société, et pour vivre sous les lois communes qu'elles se sont imposées. — Plus de précautions il a prises dans son voyage, moins de dangers il a courus. — Si cet homme a beaucoup d'ennemis, il se les est attirés par la conduite odieuse qu'il a toujours tenue, et par les opinions funestes qu'on l'a toujours vu professer. — Les voyageurs se copient mutuellement ; les bonnes gens qui les lisent les croient sur parole ; et, s'ils voient les lieux qu'on leur a décrits, ils ne voient qu'à travers les descriptions qu'on leur en a faites. — Qu'importaient, je vous le demande, quelques chansons qu'on aurait trouvées, ou non, dans ce recueil bien fait pour intéresser? — Là, sous un ciel toujours pur, au milieu d'une nature féconde en merveilles, que de merveilles non moins étonnantes les arts n'ont-ils pas attachées au sol? — Il n'y a pas une loi que ce jurisconsulte n'ait citée; il connaît les lois et les arrêtés qu'on a vus paraître jusqu'à ce jour, et il les a gravés dans sa mémoire. — Ces paroles ne sont pas de Longin, puisque c'est moi qui les lui ai, en partie, prêtées. — Le passage du Rhin est une des plus belles actions qu'on ait jamais faites à la guerre. — Cette province peut se flatter que son roi effacera les traces horribles qu'y a laissées pendant un grand nombre de siècles le passage d'un conquérant farouche dont les mains se sont armées

de l'encensoir et de l'épée. — Le peu de troupes que j'ai trouvées dans ce pays, sont sans
courage et sans discipline. — Ne pas écrire cor-
rectement, c'est mettre au grand jour son ignorance et le peu d'éducation qu'on a reçu. — Que
penseraient-ils, s'ils me voyaient aujourd'hui entrer dans un Corps célèbre, où, par les lois qu'ils
ont établies, par les maximes qu'ils ont mainte-
nues, personne ne doit être reçu, qu'il ne soit
d'un mérite sans reproche? — Je suis si fatigué
des sottises que m'ont dites ces impertinents usur-
pateurs de noms, que vous permettrez qu'avant
tout j'aille faire un somme. — Vous voilà arrivés
au dernier acte de la comédie que vous avez jouée
trop peu de temps. — Qu'elle ne s'opiniâtre pas
davantage à chercher des tablettes que vraisem-
blablement elle a perdues par sa négligence, et
que sûrement aucun de nous n'a volées. — Les
fautes ou les erreurs qui se sont glissées dans le
cours d'une administration aussi longue, aussi pénible, doivent être oubliées en faveur des nombreux services que celui qui en était chargé, a
rendus à son pays. — Qui peut dire les soins et les
fatigues que cet ouvrage a nécessairement coûté
au compositeur? — Bonneval fit une querelle vio-
lente au marquis de Pric, pour des propos indis-
crets que ce dernier avait tenus ou laissé tenir
contre la jeune reine d'Espagne. — Si le nouveau
traducteur a omis quelques longueurs et quelques
mauvais jeux de mots que l'ancien avait fidèle-
ment traduits, il nous a donné, en revanche, deux
prologues que Cervantes avait placés à la tête des
deux parties de son ouvrage. — L'aiguille, le bu-
rin, le pinceau, le ciseau ont transporté sur les
tapisseries, sur la toile et sur le marbre, les incroya-
ble aventures et les plaisantes figures de Don Qui-

chotté et de son fidèle écuyer ; l'opéra les a placés sur la scène ; et la danse, le plus frivole des arts, s'est emparée de ces illustres personnages.—Quelles vies a-t-il exposées pour son intérêt ou pour sa propre réputation? Que de soldats n'a-t-il pas ménagés comme des sujets du prince ! Quelle goutte de sang a-t-il répandue, qui n'ait servi à la cause commune? — Un grand nombre d'ouvriers se sont vu enlever leurs outils par les mécontents ; on les a forcés ensuite de quitter leurs ateliers. — C'est avec raison qu'on a dit du grand Pompée, un des plus grands capitaines qui aient existé, qu'il fit à lui seul plus d'exploits que les autres n'en ont lu, et qu'il prit plus de villes que ses rivaux n'avaient souhaité d'en prendre. — Ne serait-il pas doux de retrouver dans l'effet de nos soins les plaisirs qu'il nous ont coûté ? — J'allai la voir ; quels charmes et quelles douceurs aurait eus pour moi ce voyage, si le résultat en avait répondu à une aussi chère espérance ! — Ceux qui ont connu, comme moi, cet amour filial si tendre, n'ont pas besoin que je leur dise quels étaient l'abattement et la tristesse de mon âme. — Il nous manque un ouvrage qui efface la honte qu'on a reprochée si long-temps à la France, de n'avoir pu produire un poème épique. — Attila, Tamerlan et Gengiskan ont mérité plus d'éloges qu'ils n'en ont obtenu ; aucune gloire, aucun intérêt ne s'est attaché à leur souvenir, parce que le style ne les a pas gravés dans la mémoire des hommes. Apeine ont-ils disparu, qu'on les a oubliés.—Quatre villes d'Ombrie se sont disputé l'honneur d'avoir donné le jour à Properce, poète latin connu par ses élégies, qu'un nouveau traducteur a publiées depuis peu. — Pisistrate s'était fait une bibliothèque qu'il avait

B 6

rendue publique, mais dont il fut privé par la
suite, Xercès l'ayant enlevée et transportée tout
entière en Perse. — La collection de livres la plus
considérable était celle qui appartenait à Euclide ;
il l'avait reçue de ses pères ; et, comme il connais-
sait le prix de tous les livres qu'on avait renfermés
dans la bibliothèque dont il avait hérité, il méritait
bien de les posséder. — Le volcan qui a couvert
cette ville de cendres, l'a préservée des outrages
du temps. Quelques feuilles qu'on a trouvées sous
les décombres, sont tout ce qui nous reste pour
interpréter les malheureuses victimes que ce volcan
a dévorées. — Il a paru une histoire abrégée du
christianisme, des persécutions qu'il a éprouvées,
des hérésies qui l'ont affligé, avec les noms des
docteurs qui les ont combattues, et les dates des
conciles qui les ont condamnées. — Ces vers que
j'ai entendus m'ont paru très beaux ; je crois que
chacun les a jugés aussi favorablement que je l'ai
fait. — La réponse à cette objection que nous
avons entendue faire par plusieurs personnes, nous
conduirait à l'examen d'une question importante
qu'on a déjà abordée sans succès. — Les vésica-
toires opérant avec beaucoup plus de promptitude
sur les enfants que sur les adultes, il est à propos
de faire un choix parmi les rubéfiants qu'on a indiqués.—Je ne saurais vous dire combien de livres
il a eus à dévorer pour rendre son ouvrage aussi
parfait qu'il pouvait l'être. — Le prince s'assied,
et prononce ces mots d'une voix attendrie : Quelque puissance que j'aie reçue du ciel, quels que
soient mon crédit et ma force, je n'en userai que
pour rendre mes peuples heureux.

Puissé-je vous dire combien cet homme m'a

rendu de services, que je n'oublierai jamais, quoi-qu'il ne me les ait jamais rappelés ! — Combien de fois a-t-elle remercié Dieu humblement de deux grâces : l'une, de l'avoir faite chrétienne, l'autre, messieurs, de l'avoir faite reine mal-heureuse ! — Nos premiers pères furent chassés du Paradis pour s'être laissé séduire. — Elle ai-mait à obliger les autres ; jamais la crainte de faire des ingrats, ni le déplaisir d'en avoir trou-vé, ne l'ont empêchée de faire du bien. — Il faut voir les Juifs dans leur propre pays ; il faut les voir attendant sous' toutes les oppressions, un roi qui doit les délivrer. Ces malheureux ! quel désert ne les a point vus pleurant leur terre natale ! — Elle s'était imaginé que la pitié, qui n'est jamais sans tendresse, la faisait agir toute seule. — Le Tartare ne daigne pas sortir de la masure qu'il s'est bâtie sous les ruines des monuments de Périclès. — Ce ne furent pas les victoires toutes seules de David, qui le rendirent le modèle des rois ses successeurs ; Saül en avait remporté, comme lui, sur les Philistins et sur les Amalécites. — La douleur m'ôta, dans ce moment, le peu de raison que l'amour m'avait laissé. — Personne n'est plus touché que moi des bons procédés que vous avez eus à notre égard. — Ils ont trop fait sentir aux peuples, que l'ancienne religion pouvait se chan-ger ; les sujets ont cessé d'en révérer les maximes, quand ils les ont vues céder aux passions et aux intérêts de leurs princes. — Tel a été le but que se sont proposé ceux qui ont entrepris ce journal ; depuis quatre ans révolus ils se sont efforcés de le remplir. — Je me flatte que, quand vous ferez imprimer quelqu'un de vos ouvrages, on y trou-vera plus de correction, plus d'exactitude qu'on n'en a trouvé dans l'édition de Jules-César. — Cette cérémonie si grande par les souvenirs qu'elle a rappelés, et par les heureux présages qui l'ont accompagnée, a manifesté au plus haut degré l'enthousiasme que les exploits de l'invincible armée ont excité dans toute l'Europe. — Les lettres que j'ai envoyé porter m'avaient été remises; mais c'était bien à tort qu'on me les avait adressées.—Il n'y a nul profit à combattre des ombres; en vain croyez-vous les avoir écartées par le glaive de la calomnie, elles reviendront vous obséder, et vous demander raison des outrages dont vous les avez accablées.— Effrayé de la route qu'avait prise Ronsard, c'est en la quittant qu'il a retrouvé le naturel et la délicatesse qu'on a toujours admirés dans Marot. — C'était une sorte de convenance poétique, reste de l'influence qu'avait si long-temps conservée parmi nous l'institution de la chevalerie. — Après avoir examiné ces lettres qu'on m'avait apportées comme suspectes, je les ai laissées passer sans difficulté. — Un bal a suivi cette fête charmante; là, mères et filles se sont tour-à-tour applaudies, encouragées, succédé. — Les propositions que nous avons présentées relativement à la fixation des limites de la Louisiane, l'Espagne, dit-on, ne les a point acceptées.—Quels que puissent être vos moyens de défense dans cette affaire, quelques bonnes raisons que vous ayez à alléguer, vous perdrez votre procès.—Tout étourdie qu'est cette demoiselle, jamais on ne l'a vue oublier les choses même tant soit peu importantes dont elle s'est chargée. — Les maladies des yeux que l'humidité de l'air a rendues si fréquentes, ont trouvé un grand soulagement dans l'application des eaux que ce célèbre oculiste a composées. —

Cette femme m'a causé beaucoup de chagrin alors que je l'ai surprise tout en pleurs. — Combien de fois, mes amis, ne vous ai-je pas conseillé et priés de mettre tous vos soins à acquérir des connaissances précieuses! — Il suffit de nous accoutumer à une chose, pour qu'elle nous devienne nécessaire; et par cela seul que nous l'avons eue un jour, nous la voulons encore un autre jour. — L'espérance que vous m'avez laissé entrevoir, ne peut plus flatter mon cœur; je suis malheureux, et j'ai mérité de l'être. — Combien on trouve dans Horace de beautés neuves et hardies, que Virgile lui-même n'a point égalées! — Une haute renommée attend celui qui s'élancera avec courage dans la lice qu'ont parcourue l'aigle Thébain et le cygne de Tibur. — Ces mères infortunées, mues par des sentiments bien différents, criaient toutes ensemble; les unes disaient: Ils nous ont laissées massacrer nos enfants; les autres s'écriaient: Ils nous ont laissé égorger; d'autres enfin criaient plus douloureusement: Ils nous ont laissées étrangler par de barbares soldats qui nous ont enlevé nos filles et nos époux! — Comme je vous voyais davantage, ce respect, cet attachement, et cette pure amitié, se sont accrus. — Instituée par une dévotion égarée, cette fête portait l'empreinte de la barbarie des siècles qui l'avaient vue naître. — Ce sophiste a eu beaucoup d'imitateurs qui se sont proposé pour objet de peindre les mœurs de ces deux nations qu'ils avaient vues de très près. — Cette ode est belle, je l'ai entendue réciter par l'auteur dans une séance publique de l'Institut. — Les prunes nous sont venues de la Syrie; ce sont les anciens comtes d'Anjou qui les ont transportées dans leur province. — Cette jeune personne s'étant déplu dans la maison

honnête où on l'avait placée, ses parents l'en ont
aussitôt retirée, à leur grand déplaisir.—Les Tos-
cans ont plus de terres qu'ils n'en ont cultivé jusqu'à ce jour, tandis que les Gaulois en manquent.—
Depuis que madame d'Albane et M. de Selcour
habitaient cette maison qu'ils avaient choisie ensemble, ils s'étaient sentis attirés l'un vers l'autre
par un charme toujours renaissant. — Dès l'an 9,
il avait formé ès mains de mon tuteur une oppo-
sition à la délivrance des deniers provenant de la
vente mobiliaire ; en l'an 10, il dirigea son action
tendant à la reddition du compte de tutelle. —
Tous ces lieux communs nous révéleront-ils des
beautés qu'on n'ait point encore aperçues ? Ils en
diront bien moins que le peu de lignes que Racine
a consacrées au père de la tragédie.—Mentor reprit
ainsi : J'avoue qu'il a fait de grandes fautes ; mais
cherchez dans la Grèce et dans tous les autres pays
les mieux policés, un roi qui n'en ait point fait
d'inexcusable. — On dirait qu'il s'est chargé de
ramener dans le sein de l'église tous ceux que le
schisme en a séparés; il les presse par ses raisons,
il les convainc par ses expériences. — Elle a vu la
mort, elle l'a vue plusieurs fois dans son plus ter-
rible appareil, sans en être emue; elle l'a sentie sur
elle-même sans s'étonner. — Combien d'âmes ti-
mides a-t-elle encouragées par sa profession publique de dévotion! Combien de fausses vertus a-t-elle
redressées par les règles qu'elle a prescrites à la sienne ! Combien de désordres a-t-elle arrêtés, moins
par la force de ses corrections, que par la persuasion
de son exemple ! — Il vint en diligence, jour et
nuit, sur le bord de la mer, et passa par des che-
mins qu'on avait toujours crus absolument impra-
ticables. — Le psalmiste dit qu'à la mort périront

toutes-nos pensées : oui, celles que nous aurons laissé emporter au monde (1), dont la figure passe et s'évanouit.—Ne faites rien, mon fils, qui ne soit digne des grands exemples que vous a laissés votre père, et des maximes de vertu que j'ai tâché de vous inspirer.— Il remarqua dans ce noir séjour beaucoup d'impies hypocrites, qui, faisant semblant d'aimer la religion, s'en étaient servis comme d'un beau prétexte pour contenter leur ambition. Le Dieu dont ils se sont joués, et les divinités qu'ils ont rendues méprisables aux hommes, prennent plaisir à se venger des insultes qu'ils ont reçues de ces impies. — Cette circonstance que les historiens ont soigneusement remarquée, fait voir quel jugement nous devons porter de ces ouvrages qu'on a tant vantés chez les Anciens. — Il n'est pas un homme, quelle que soit sa condition, quelque profession qu'il ait embrassée, qui ne se croie obligé de dénaturer sa prose par des termes ampoulés. Un apothicaire, par exemple, donne avis au public, qu'il débite à trois francs la bouteille une drogue qu'il a confectionnée; il dit qu'il a interrogé la nature, et qu'il l'a forcée d'obéir à ses lois.

Il est un genre d'affectation qui est aujourd'hui fort en vogue; les bons auteurs néanmoins s'en sont toujours bien gardés, convaincus que rien n'est beau que le vrai, suivant la maxime qu'a établie Boileau. — S.-Augustin a dit en parlant des Romains : Dieu les a rendus vainqueurs des peuples et maîtres d'une grande partie de la terre à cause de la justice et de la modération qu'ils ont toujours montrées. — La Nature s'est complu à enrichir la France de tous les dons qu'elle aurait pu désirer; c'est un pays où tous les genres de

---

(1) Au monde, *c'est-à-dire* dans le monde.

productions abondent, et qui se glorifie à juste
titre des grands hommes qu'elle a vus naître. —
Les défauts que la critique avait signalés dans cet
ouvrage, en ont disparu ou se sont beaucoup affai-
blis; des beautés que le sujet appelait de lui-même
les ont heureusement remplacés.—La naissance et
la fortune, quelque brillantes qu'elles soient, ne
sauvent pas un homme de la foule dans laquelle
il est confondu. — Tout entêtée que paraît cette
dame, elle s'est souvent rendue volontiers aux
observations que nous lui avons faites. — Les églises et les palais qu'on avait commencé à construire,
furent interrompus à cause des circonstances où l'on
se trouvait. — Les Siciliens rendirent à Cicéron
plus d'honneurs qu'ils n'en avaient jamais rendu
à aucun préteur. — Oui, ma fille, il faut partir,
je vous ai vue; nos cœurs se sont parlé, nous
n'avons plus rien à nous dire que de tendres
adieux. — Je connais les ouvrages que votre ami
a composés, je les ai lus avec un intérêt et une satisfaction véritables; l'opinion qu'il m'a donnée de
sa manière d'écrire est telle, que je crois avec raison qu'il ne peut sortir que de très bons ouvrages
de ses mains.—Les sociétés choisies que votre ami
a toujours fréquentées, les excellents écrits qu'il a
toujours lus, l'application qu'il a constamment
montrée pendant le temps de ses études, ont dû
former son style, et le rendre lui-même très
habile à écrire facilement sur toute sorte de
sujets.—Ce jeune homme s'est nourri de la lecture
des poètes célèbres qu'a produits la France si féconde en grands hommes; il connaît ceux que
l'antique Italie a vus naître, il les a plusieurs fois
traduits en français : il n'est donc pas étonnant
qu'il ait emprunté de ces divers écrivains quel-

ques-unes de ces beautés mâles qu'il a admirées
dans leurs ouvrages.—Je vous engage à lire souvent
les bons écrivains qu'Athènes et Rome se glorifient
à juste titre d'avoir produits ; et, quelle que soit la
science de votre ami, quelques connaissances qu'il
ait acquises chez les Grecs et chez les Romains, je
ne doute pas que vous ne puissiez l'égaler un jour.
—Dans la société n'avez-vous jamais redit l'épi-
gramme, les vers plaisants ou les couplets malins
que vous aviez entendu lire ?—J'ai composé quelques vers héroïques, je les ai récités, et je ne les ai
laissés copier par personne.—La conversation fut
réciproque, et par là furent écartés les nuages qu'aurait élevés entre nous l'amour-propre ou la vanité.
— Ceci me fournit l'occasion de faire moi-même
une remarque que je n'ai vue consignée dans aucun
écrit. —Dans les recherches que l'auteur s'est pro-
posées, il croit avoir suivi une marche que personne
ne s'était encore tracée. — Que ferons-nous des
républiques anciennes et modernes ? Comment
Dieu les a-t-il laissées prospérer et offrir à la terre
d'aussi grands spectacles ? — Il serait fort aisé de
multiplier les citations; mais, en nous arrêtant trop
sur le fond des choses, nous nous sommes ôté les
moyens de nous étendre un peu sur la forme.—Ce
marbre fut enlevé sur les Perses qui s'étaient proposé d'en faire un monument pour consacrer le souvenir de leurs victoires futures sur les Grecs. — A
Rome, les femmes mêmes se livraient au vin, et
l'on en a vu qui, à toutes les santés qu'elles por-
taient, buvaient autant de coups qu'il y avait de
lettres renfermées dans leur nom. — Il appartient
à l'Amérique de réclamer fortement les droits
qu'on a méconnus, et de défendre une cause que
l'intrigue a porté les Puissances européennes à

trahir.—Ce zèle pur et intrépide a eu la récompense
qu'il a véritablement méritée, quelle que soit l'opinion qu'on puisse avoir sur cette affaire. — Croyez-
vous ne devoir compter pour rien les trente années
que nous avons servi dans les troupes, exposés aux
plus grands périls? — Ces causes que nous avons
seulement laissé entrevoir, n'ont pu étonner les
personnes que nos malheurs ont accoutumées à réfléchir. — Cette bonne mère s'est enfin laissée
attendrir par les larmes de sa fille qui l'avait cruellement offensée. — Sa maladie a été longue, mais
il l'a soutenue avec une résignation que tout le
monde a admirée.—Dans cette situation, il reçut
de sa famille toutes les consolations qu'il en avait
espérées, et qu'il avait si bien mérité de recevoir.
— Loin des bords qui nous ont vus naître, toute
la nature est diminuée, et n'est plus que l'ombre
de celle que nous avons perdue. — On ne saurait
croire que des critiques, tels que ceux que j'ai
nommés plus haut, se soient laissés aller à de pareils écarts d'imagination.—Que d'erreurs en ma-
tière de goût ont eues à abjurer ces hommes que
l'on avait regardés jusqu'à présent comme des
oracles infaillibles! — Versailles étalait toutes
les merveilles que Louis quatorze avait rassemblées de toute part; son salon et sa galerie superbe s'ennoblissaient par les trophées des conquêtes qu'il avait faites; la Religion le bénissait
dans les temples qu'il avait reconstruits, ou ré-
parés, ou enrichis. — Les rois sont tout - puissants; jamais la somme des éloges qu'on leur
adresse, ne pourra, quelle qu'elle soit, entrer
en proportion avec le besoin qu'on a de leur plaire.
— La rage n'épargna pas le bon Henri outragé,
à cette affreuse époque, dans tous les monuments que lui avaient élevés la piété et la recon-

naissance. — Il faut qu'on favorise les Génevois dans notre province, autant que le Gouvernement de Sardaigne les a vexés en Savoie.—Les torches que vous avez laissé allumer, n'ont pu leur servir dans la route obscure qu'ils ont parcourue ; ils les ont laissées s'éteindre avant qu'ils eussent atteint la première borne. — L'Egypte est devenue le théâtre des plus étonnantes merveilles que Dieu ait opérées en faveur d'Israël.—Toutes aimables et toutes pressantes que sont vos recommandations, quelque satisfaction que j'éprouverais en y ayant égard, je ne puis rien faire en ce moment pour votre ami. — Ce Général fit venir de force les soldats qu'il commandait, après les avoir inutilement envoyé chercher. — Cette femme qu'on a toujours chérie, s'est vu outrager sans raison; on aurait dû néanmoins respecter les vertus et les principes qu'elle a constamment professés. Elle s'est vue insulter par des hommes qui, ne l'ayant jamais connue, l'ont jugée tout autre qu'elle n'est réellement. — Oléarius, critique allemand, a fait à Philostrate plus de plaies qu'il n'en a guéri. — On ne saurait accuser mon père d'avarice, lui qui a consacré au soulagement des pauvres le peu de fortune qu'il a amassé.—Quelques progrès qu'ait faits l'empire de la Russie, quelques richesses qu'il ait accumulées, il reste encore à faire, dans ce pays, beaucoup de choses que le Gouvernement a projetées.—Combien d'événements de cette nature dont la mémoire s'est perdue, ou que la tradition a défigurés! —Les orateurs et les poètes ne savaient pas que ces victoires qu'ils avaient célébrées avec tant de pompe, fussent dues à une maîtresse qu'ils avaient vu chasser avec ignominie. —Que de princes se sont laissés gouverner par des

ministres qui n'ont pas manqué d'abuser pleine-
ment de la confiance que leur avaient accordée ces
monarques fainéants ! — Les philosophes, dit un
critique, n'ont rien inventé de ces niaiseries dont
ils nous ont si long-temps fatigué les oreilles. —
Cette prétendue lumière qu'ils se sont vantés
d'apporter au monde, est le feu dévorant qui jadis
y fit de si grands ravages. — Si les Vénitiens
s'étaient contentés de la mer où ils avaient conquis tant d'îles opulentes, les délices de la terre-
ferme ne les auraient ni corrompus ni amollis. —
Quand Socrate fut sorti du bain, on lui présenta
ses trois enfants qu'il n'avait pas vus depuis plusieurs jours ; il donna ordre aux femmes qui les
avaient amenés, de les reconduire dans sa maison.
— On trouve dans ces Éléments une histoire
agréable de la poésie, des causes qui, chez les
uns, l'ont élevée au plus haut degré de gloire, et
qui l'ont empêchée, chez les autres, de prendre
un aussi brillant essor.

Il sera placé à l'entrée de la nouvelle promenade une inscription qui rappellera que le
prince a daigné embellir une ville qu'il a anté-
rieurement honorée de sa présence. — Quelles leçons nous a-t-il données dans cet ouvrage ? quelles
règles nous a-t-il prescrites ? — Que de voyageurs
ont porté à des peuples sauvages des arts qui ne
sont un besoin, que pour les nations qui les ont
connus, et qu'on a presque partout introduits, les
armes à la main ! Mais il en est peu qui, ayant
porté des lois et des mœurs chez les nations sauvages, les aient enseignées au péril de leur vie et
au prix de leur propre sang. — Notre habile critique a relevé les erreurs qu'a faites cet écrivain mal-
adroit ; il a rétabli les bonnes leçons que celui-ci

avait ôtées pour y substituer ses rêveries. — Nous avons été forcés d'ouvrir dans ce commentaire plus de paragraphes que Valence n'en avait ouvert lui-même, et de marquer d'un numéro courant tous les alinéa. — Elle s'est vantée d'avoir rétabli tous les droits et tous les priviléges de favorite que la duchesse avait laissés tomber dans l'oubli. — Ce peuple eut des médecins, des astronomes, des géomètres, des chimistes, des poètes même, tout, excepté des orateurs. — Les églises qu'on avait laissées subsister, furent rendues aux communes qu'on chargea de les faire restaurer à leurs frais. — Les maximes qui bouleversèrent alors la société, sont les mêmes que celles qu'on a répandues depuis; mais qui peut être assez aveugle pour ne pas reconnaître dans ces maximes, qu'on n'a que trop accréditées, la cause de toutes les horreurs que nous avons vues, de tous les maux que nous avons soufferts? — Pontius pouvant anéantir l'armée romaine qui s'était laissé prendre dans un défilé, se contenta de la faire passer sous le joug. — Cet homme qui veut faire l'esprit fort, pense-t-il nous avoir portés par-là à avoir désormais bien de la confiance en lui? pense-t-il nous avoir bien réjouis en nous disant qu'il doute si notre âme est autre chose qu'un peu de fumée? — Un auteur moderne attribue aux vêtements des Turcs le peu de progrès qu'ils ont faits dans la civilisation. — Les difficultés que l'artiste a eues à vaincre, et qu'il a fallu surmonter avec gloire, étaient considérables. — Quelques-uns ont donné trop de confiance aux légendes de l'Ordre, et par-là se sont laissé entraîner dans une erreur bien grave. — Les difficultés d'une entreprise seraient un sujet de reproche pour celui qui, ignorant les bornes de son esprit, l'aurait téméraire-

ment hasardée, et y aurait honteusement échoué;
elles sont un sujet d'éloge pour celui qui les a
heureusement surmontées. — Ayez pitié de ces
malheureux qu'on a laissé inquiéter jusqu'à ce jour,
bien qu'on n'eût rien à leur reprocher.—Il n'est
aucune ouverture pacifique que, roi, je n'eusse
écoutée, aucune proposition que je n'eusse acceptée, si on l'avait faite avec des intentions
pures et franches. — L'armée russe occupait une
superbe position que la nature avait rendue très-
forte, et que l'ennemi avait encore fortifiée par
un travail de quatre mois. — On ne saurait dire
les soins et les peines que nous a coûté ce genre
d'occupation très difficile. — On a pu voir combien l'armée ennemie était faible ; cinq jours de
combats l'ont successivement délogée des posi-
tions les plus formidables qu'elle avait choisies,
et des retranchements qu'elle avait employé plusieurs mois à fortifier. — Quel siècle mémorable
que celui où fleurirent les plus heureux génies
que les lettres aient produits depuis les Grecs et
les Latins ! — Ces critiques n'ont jamais refusé
de rendre justice aux bons livres qu'ils ont vus paraître ; ils se sont même toujours réjouis des nouvelles richesses que nous avons acquises à la
poésie et à l'éloquence.—Gessner a laissé, avec
les petits poèmes que j'ai lus, les morceaux de
poésie les plus sublimes peut-être qu'on ait publiés depuis Homère. — Divisés par les haines,
enervés par le luxe, accablés par le despotisme, les
Romains étaient dans l'impuissance de faire face
aux nombreux barbares du nord, qui, ignorant la
mollesse, affrontant les dangers et la mort, avaient
appris à vaincre dans les armées romaines. — Ce
théâtre fait reparaître avec succès d'anciennes
pièces que la Comédie française a depuis long-

temps négligées et laissées dormir dans son riche répertoire.— L'armée ennemie se voyant jetée sur cette Vistule qu'elle s'était vantée de vouloir passer, se montre alors rangée en bataille. — La connaissance des difficultés que le peintre a eues à surmonter, la recherche des moyens qu'il a employés pour parvenir à cette imitation, sont encore un sujet de plaisir pour l'amateur délicat. — Cette pièce fait horreur; il y a environ dix ans que je l'ai vue jouer sans succès par Talma et par mademoiselle Raucourt. — On vint leur présenter la bataille dans la position qu'ils avaient eux-mêmes choisie. — Voilà une des plus grandes hérésies littéraires qu'on ait jamais proférées. — Les Anciens n'ont pu être égalés par les personnes même qui les ont le plus heureusement imités.— L'objet qu'il s'est proposé est de montrer quelles variations a subies depuis le onzième siècle, le système d'équilibre qui a été le prétexte de toutes les guerres que nous avons eues. — Il a entrepris de décrire les diverses révolutions qu'ont éprouvées depuis la chûte de l'empire d'Occident, l'Europe en général, et en particulier chacun des États qui la composent. La révolution française et les guerres qui l'ont suivie, étaient hors du plan de l'auteur. — C'est ainsi que les Francs avaient obtenu des terres dans la Gaule Belgique, et qu'on en avait accordé dans la Pannonie et dans la Thrace aux Vandales et aux Goths. — Les rois, enivrés de leur propre grandeur, oublient quelquefois, hélas! celui qui les a faits grands. — Elle s'est imaginé, (voyez quelle injustice!) que cette favorite n'avait plus la même aversion qu'elle pour cette bonté de cœur. — Il y aura demain un an, ma fille, que je ne vous ai vue, que je ne vous ai embrassée, que je ne vous ai

entendue parler, et que je vous quittai à Charenton.
— On n'a pu rendre, par la gravure, les teintes
brillantes que le temps a imprimées sur ces ruines
antiques. — Son père, en lui donnant des marques
de son affection, ne laissa pas de lui reprocher le
peu de confiance qu'il avait eu en lui. — Conrad
remarqua sur la figure de son maître un calme,
une sérénité qu'il semblait avoir perdue pour jamais. — Ce prince fit plus de conquêtes, par cette
voie, que les autres rois n'en avaient fait par les
armes.— Pleure, bel enfant; les larmes que tu as
répandues ont attendri tous ceux qui les ont vues
couler. — Baléazar est aimé des peuples; en possédant les cœurs, il possède plus de trésors que
son père n'en avait amassé par son avarice cruelle.
— Qui pourait dire combien de larmes nous ont
coûté ces divisions toujours trop longues, dont
on ne peut demander la fin avec trop de gémis-
sements? — Notre voyage a été fort heureux,
quoique nous eussions dû verser vingt fois pour
une, tant la tristesse qui s'était emparée de nos
gens, rendait tout le monde inattentif! — J'avais
demandé tous mes livres, et l'on ne m'en a envoyé que fort peu. — Il a été érigé une statue
en l'honneur de M. Pitt, et ce sont les négociants
de Londres qui la lui ont élevée à leurs frais.
— Telles sont les causes fort difficiles qu'ils ont
eues à plaider, et qu'ils ont plaidées avec une éloquence que tout le monde a admirée. — Nous devons suivre en tout point le mode et la forme que
le Gouvernement a voulus.— Les philosophes, en
analysant l'homme comme un être purement ma-
tériel, se sont trop souvent égarés sur sa nature,
que quelques-uns d'entre eux n'ont pas ennoblie.—
Les vases que j'ai envoyés à réparer, m'ont coûté
fort cher; c'est un marchand Italien qui me les a

vendus, il les avait apportés de Milan. — L'auteur a poussé le scrupule jusqu'à altérer le moins qu'il fût possible les fables qu'il a crues propres à entrer dans son recueil. — Les pièces de Crébillon s'étaient succédé assez rapidement ; mais la tragédie que nous avons vu représenter, a joui d'un des succès les plus éclatants et les plus soutenus qu'on ait jamais vus au théâtre. — Fontenelle surprit un jour le cardinal Dubois jetant au feu une très grande quantité de lettres qu'il avait laissées s'accumuler sur sa table, sans les ouvrir.

Que de gens ignorent les premiers principes de l'orthographe qu'on a négligé de leur enseigner ! mais il y en a beaucoup plus, hélas ! qui pèchent journellement contre la théorie des participes qu'ils n'ont jamais étudiée. — Si vous voulez corriger avec attention les fautes de toute espèce que j'ai consignées à dessein dans cet ouvrage, je ne doute pas que vous ne parveniez bientôt à connaître les règles sur le participe, que les gens de lettres eux-mêmes ont si souvent méconnues et violées. — Jupiter rendit à Saturne le trône et la liberté que celui-ci avait perdus, pour avoir manqué à la promesse que Titan son frère avait reçue de lui.—Dans la boîte que Jupiter remit à Pandore, étaient renfermés l'effroi, la douleur, le désespoir et l'espérance. — Quelle que soit l'indulgence de votre père, quelque bonté qu'il vous ait toujours témoignée, il ne souffrira pas que ses enfants perdent leur temps à jouer. — Si vous ne profitez pas des talents et des heureuses dispositions que vous avez reçus de la nature, vous vous rendrez coupables envers l'Être tout-puissant de qui vous tenez les avantages dont vous n'aurez pas profité. — Quoi de plus cruel que

C 2

l'esclavage et la misère, cependant je les ai toujours préférés au deshonneur. — Aristote a parlé
des animaux avec l'élégante simplicité que les
Grecs ont portée dans toutes les productions de
l'esprit. — M. de Launoy, critique formidable,
a détrôné plus de saints que dix papes n'en ont
canonisé. — Il est beaucoup de personnes qu'une
fausse lueur a précipitées dans des systèmes; les
unes sont restées en deça des bornes prescrites,
les autres malheureusement les ont outrepassées.
— Après avoir considéré les savants dans le silence
du cabinet, il faut les environner des personnes
qui les ont accompagnés dans la carrière, et les
comparer à celles qui les ont précédés. — Ces pirates
se sont vu arracher les dépouilles qu'ils s'étaient
appropriées. — On reconnaît dans cet ouvrage
l'empreinte des maux que M. de la Harpe a soufferts; plaignons-le d'avoir commencé sa vieillesse
à une époque où les espérances qu'il avait conçues, les illusions qu'il avait chéries, la fortune
et l'estime qu'il avait, pour ainsi dire, conqui-
ses, les arts qui avaient rempli tous les instants
de sa vie, périssaient avec la gloire et le repos
de son pays. — Si j'ai obtenu cette place importante que j'ai demandée, il est vrai, je crois
néanmoins que je l'ai bien méritée. — Cette expérience est fort belle, je l'ai vu faire avec succès, et je ne doute pas qu'elle ne réussisse toujours. — Les troupes ennemies ont traversé nos
postes, qui les ont laissées passer sur un faux bruit de
suspension d'armes. — Cette femme est veuve d'un
scélérat; or la femme qui s'est laissée séduire par
un objet de cette espèce, est bien peu digne de
notre estime. — La célébrité de cet ouvrage et le
nom seul de l'auteur suffisent pour justifier les
éloges unanimes que nous avons entendu donner

à cette production qu'on a attendue impatiemment jusqu'à ce jour.—Molière fut un grand génie, un observateur profond ; il ouvrit la carrière qu'il a si glorieusement parcourue, et il semble l'avoir fermée pour jamais — Une foule de gens d'esprit que je connais, se sont consumés et se consument encore à embrouiller et à débrouiller de pénibles intrigues. — Les treize dernières années offrent plus d'événements mémorables, que souvent on n'en a vu dans un siècle entier. — Les sources que nous avons vues se tarir, auraient pu être d'une grande utilité aux habitants de nos campagnes. Pourquoi ne les a-t-on pas soigneusement garanties de la sécheresse?—Les obstacles que la cour de Rome avait opposés à Henri quatre, et la faveur odieuse qu'avait accordée cette cour, du temps de la ligue, aux prétentions injustes que la branche de la maison d'Autriche, régnant en Espagne, avait formées, laissèrent des ressentiments dans le cœur des descendants de Henri.— Les nobles s'étaient laissé dépouiller presque sans résistance, et n'avaient excité d'abord aucun mouvement dans l'intérieur : voilà une assertion qu'on n'a jamais dementie. — Le prolongement des secousses de la révolution, les crimes qu'elle a entraînés à sa suite, ce sont les guerres extérieures qui les ont occasionnés. — La ville d'Avignon est mal bâtie, irrégulière et sans beautés ; mais les murailles gothiques et les remparts dont l'ont entourée différents papes, se sont bien conservés, et sont faits pour piquer la curiosité. — Il fallait lever des taxes, et l'on en a déjà levé beaucoup; il fallait aussi des hommes, et combien n'en a-t-on pas enrôlé ! — Mézières, Charleville et Rocroy sont des places fameuses par les siéges qu'elles ont soutenus, par les batailles sanglantes qui se sont livrées sous leurs murs. — Je fus sur le point de ne pas trouver d'asyle à l'auberge, à cause de ma barbe que j'avais laissée croître, ce qui me faisait regarder comme un Juif. — Voltaire, qui n'aima jamais Crébillon, parle des larmes d'attendrissement que les succès d'Electre et de Rhadamiste lui ont coûté. — On demandera compte à cet odieux ministre des maux qu'il a laissé faire, et de ceux qu'il a faits lui-même sciemment. — Quels éloges n'a-t-on pas donnés aux ouvrages de Nicole, de Descartes, et de tant d'autres philosophes que la France a produits depuis soixante ans! Quelle gloire ne se sont point acquise les Racan et les Malherbe! Combien d'honneurs n'a-t-on pas rendus à Racine et à Molière dont vous connaissez les ouvrages, puisque vous les avez vu jouer! — Mes sujets sont-ils donc criminels pour ne s'être pas laissés séduire par des promesses aussi fausses? — Quelle patience et quels talents n'a-t-il pas fallu pour instruire ce jeune-homme, et pour lui faire reconquérir, d'un côté, les avantages qu'il avait perdus de l'autre! — Vous avez tellement ébranlé les esprits, qu'ils se sont fait des routes nouvelles dans le cerveau, et l'habitude de penser comme vous, les a tenues toujours ouvertes. — Quelques prières qu'on ait adressées à ce Dieu, il n'en a pas fait verser moins de larmes; quelques imprécations qu'on ait lancées contre lui, il n'en a pas répandu moins de biens. — Ce charme heureux embellit les heures que la Providence nous a accordées; il anime les désirs que le mélange des douleurs n'a pas flétris, que l'expérience n'a pas éteints.

— Je pense que je ne serai pas le plus inutile de tous ceux que vous avez envoyé chercher. — Il ne nous a laissés partir qu'à condition que nous irons le voir à sa maison de campagne. — Vous m'opposez vos succès éclatants et ceux que vous m'avez valu ; vous m'opposez les suffrages que le public vous a accordés : et moi, j'ai à vous opposer les effets ridicules qu'a toujours produits cette manière de déclamer. — La nymphe Périmèle s'étant laissée séduire par le fleuve Achéloüs, fut précipitée par son père dans l'empire des eaux. — Il a été publié à Vienne une proclamation par laquelle notre Souverain prend l'engagement de travailler à la prospérité de ses États, qu'il a toujours eue en vue, et qu'il a toujours cherché à maintenir. — Il faudra, a-t-il dit, bien des années pour guérir les plaies profondes que la guerre a faites, et pour effacer les traces des maux que cette malheureuse catastrophe a produits. Uni à mon peuple par les liens d'un amour et d'une confiance illimités, je ne croirai avoir assez fait pour mes sujets, que j'ai toujours chéris, que quand les calamités qu'ils ont essuyées, seront entièrement oubliées, et que j'aurai établi sur des bases solides la paix de l'Autriche que j'ai achetée par de grands sacrifices.

Que de suites funestes ont eues les rêves de la liberté illimitée, et l'affaiblissement de cette supériorité patriarcale parmi nous ! Que de dangers cette désorganisation domestique n'a-t-elle pas multipliés dans la société, par ses rapports avec la grande famille ! — Nos richesses en poésie française se sont accrues au point de nous rendre indifférents à tout ce qu'on voudrait y ajouter encore. — Les Essais de poésie latine, dont on nous a régalés dans ces derniers temps, n'étaient pas faits pour rappeler en nous un goût que de puissants motifs nous avaient fait perdre. — Là, ces vétérans conserveront le souvenir de leurs exploits et l'orgueil des victoires qu'ils ont remportées ; ils inspireront à leurs nouveaux concitoyens l'amour et le respect dus à la Patrie qu'ils ont agrandie, et qui les a récompensés. — Parmi les vrais gens de lettres que la France a produits, il n'en est pas qui mérite plus d'être connu et qui le soit moins que le Père Buffier. Que de services, en effet, n'a-t-il pas rendus à la littérature ! que d'ingratitude pourtant n'a-t-il pas éprouvée de la part de ceux qui auraient dû faire le plus grand cas de ses productions ! — De tous ceux qui se sont proposé d'éclairer la terre, il n'en est aucun qui, à l'en croire, ne prétendît en assurer le bonheur. — Je coucherai dans cette cabane sur une natte que j'aurai tissue, et je m'y nourrirai des aliments simples que j'aurai moi-même apprêtés. — Ces gens là ne veulent pas que leurs enfants reçoivent plus de soins que leurs pères n'en ont reçu. — Je sais combien Crébillon a publié de tragédies ; mais combien n'en a-t-il pas composé, qu'on n'a pas retrouvées après sa mort ! — La ville de Dijon se glorifie de compter Bossuet, Buffon et Crébillon, qu'elle a vus naître, parmi les hommes qui se sont rendus illustres par leurs travaux littéraires. — Cette actrice s'est entendu applaudir bien souvent, après s'être vue exposée aux sarcasmes du parterre qui l'avait, pour ainsi dire, proscrite. — La philosophie, cet heureux don du ciel, conservait encore sa noble origine ; elle ne tendait qu'à rendre meilleurs ceux qui l'avaient embrassée. — Il s'est attaché à faire partager aux jeunes gens les peines et les travaux de ces hommes courageux qui ne se sont pas laissés abattre par l'adversité. — De pareils mémoires méritent d'être lus; on doit savoir gré à l'éditeur de les avoir ajoutés à sa collection, et de les avoir exhumés des recueils académiques où peu de gens du monde se seraient donné la peine de les chercher. — Voici les papiers que j'avais jugé, Madame, important de vous communiquer, afin que vous pussiez y démêler les vrais sentiments de la personne dont je vous ai parlé. — Les dégoûts dont ces écrivains honnêtes se sont laissé abreuver, n'ont pas peu contribué à rendre leur existence malheureuse. — N'est-ce pas trop s'arrêter sur un ouvrage jugé par cela même qu'il offre des constitutions à un peuple qui n'en demande à personne, et auquel, pour son malheur, on en a plus donné qu'il n'en a jamais désiré. — Mes amis que j'ai vus dépouiller par d'infâmes brigands, ne leur ont opposé aucune résistance, parce que la mort devait être le prix de leur courage. — Je croyais que cette femme était plus sensée; du moins elle me l'avait paru, quand je l'entendais causer avec les personnes instruites qu'elle a toujours fréquentées. — Tout porte à croire que c'est une poignée d'aventuriers qui se seront fait jeter dans cette colonie. — Oui, ces hommes vertueux se seraient laissé égorger plutôt que de renoncer à la religion qu'ils avaient embrassée; et, en cela, sont-ils condamnables? je ne le crois pas. — Les auteurs ont voulu éviter tout ce qui pourait éveiller les partis; mais une coupable faiblesse ne les a pas empêchés de faire entendre le langage austère de la vérité. — C'est là la plus douce récompense que puisse recevoir de ses enfants une mère qui ne s'est pas contentée de les mettre au monde, mais qui fait, du soin de leur être utile, l'occupation et le bonheur de sa vie. — Comment pouvons-nous rendre compte de cette tragédie ? nous n'en avons jamais entendu parler, et nous ne l'avons jamais vu jouer ; cependant, comme je connais l'auteur de la pièce, je ne crois pas qu'elle soit aussi bonne qu'on nous l'a assuré. — Les Anglais avaient senti cet inconvénient, et ne s'en étaient pas laissés effrayer ; ils n'ignoraient pas qu'il fallait beaucoup de temps pour qu'on pût relever la marine militaire de la Hollande, que Guillaume cinq avait laissée tomber dans un état déplorable. — Quelle que soit votre manière de penser, vous avouerez que, de tous les Gouvernements qui se sont succédé en France, aucun d'eux n'a rompu une alliance que ses prédécesseurs avaient conclue. — Presque tous les poètes qui se sont élevés à des conceptions d'un ordre relevé, ont préludé sur le chalumeau des bergers : voilà une remarque que vous aurez sans doute faite comme moi. — Leurs projets sont accomplis, et la France est vengée de la dégradation où une fausse politique l'avait malheureusement laissée tomber.—Qui est-ce qui se soucie de savoir que la rose était autrefois une reine nommé Rhodonte, et que cette reine, fière de sa beauté, s'étant préférée à Diane, fut changée en fleur ?—Chers compagnons, pourquoi vous êtes-vous laissés prendre aux promesses (1) qu'ils vous ont faites ? Vous savez combien est grande la perfidie qu'ils ont toujours montrée.—Un Dieu m'éclaire, me touche en ce moment par la lecture des livres saints que j'avais toujours négligé de lire, parce qu'on ne me les avait pas assez vantés.—Avez-vous vu ces Dames ? les avez-vous assurées de mon respect et du désir que j'ai de leur rendre service ? — Que ces hommes sont coupables ! Si on les avait laissés faire, ils auraient couvert de ruines le plus beau pays

---

(1) Aux promesses, *c'est-à-dire* par les promesses.

qu'on puisse voir. — Pourquoi ne pas aimer les choses de ce bas-monde, puisque Dieu lui-même nous les a données ?—Les Romains déclarèrent infâmes tous les prisonniers que Pyrrhus avait renvoyés, parce qu'ils s'étaient laissé prendre sans aucune résistance. — Un écrivain a dit : La religion naturelle n'est qu'un terme vide de sens, dont les philosophes se sont servis pour avoir l'air de mettre quelque chose à la place des religions qu'ils ont calomniées et qu'ils ont voulu détruire. Beaucoup de personnes se sont laissées abuser par leur doctrine équivoque. — J'ai eu besoin de relire sa lettre, de détruire par de longues réflexions l'impression que m'avait faite le danger qu'il vient de courir. — Ces vérités éternelles, oui, c'est vous qui me les avez révélées ! Je les avais oubliées si long-temps, et j'étais assez sot pour me croire éclairé ! — Si l'on en croit cet écrivain moderne, l'organisation de l'homme le rend susceptible d'une perfectibilité que notre réunion en société a developpée. Ses esprits moteurs sont devenus plus abondants, sa mémoire s'est étendue, et ses connaissances se sont immensément augmentées.

La Rochefoucault, Pascal et Vauvenargue nous ont épargné et se sont épargné à eux-mêmes une foule de lieux communs dont ils n'auraient pu se dispenser de faire usage, s'ils avaient voulu lier en système toutes leurs idées. — Les anecdotes les plus suspectes, dès qu'une longue tradition les a, pour ainsi dire, consacrées, peuvent trouver place dans l'histoire, pourvu qu'on ne les donne que pour des bruits populaires : et c'est une attention que l'abbé de la Bletterie a rarement négligé d'avoir. — Cette femme auteur s'écria

C 6

avant sa mort : Que d'afflictions mon âme a eues à supporter ! En voici la raison : c'est que les hommes ne l'avaient pas estimée, qu'elle avait refusé de se soumettre aux lois de la société, et que la société l'avait méconnue ; enfin, qu'elle avait dédaigné les femmes, et que les femmes l'avaient rejetée de leur compagnie. — L'auteur de la tragédie d'*Hamlet* a renoncé aujourd'hui à ses droits sur la recette de cet ouvrage. Ce n'est ni la première, ni la plus grande preuve de désintéressement qu'ait donnée ce célèbre poète tragique. — Depuis trois mois environ, la terre est constamment restée couverte de neiges qui s'y sont entretenues jusqu'à présent par des gelées continuelles. — Ces comptes, ainsi que les renseignements utiles que le sous-préfet aura jugé convenable de donner, seront mis sous les yeux du Conseil d'arrondissement par le préfet qui les aura examinés auparavant. — Rien en elle ne peut expliquer pourquoi elle s'est faite religieuse ; et, quand elle cause, elle a l'air de l'oublier tout-à-fait. — Si votre parti est vaincu, il vous accusera des démarches même qu'il vous aura demandées, et vous ne rencontrerez que des âmes vulgaires qui se plaindront de s'être laissées entraîner par leurs chefs. — Ma mère vous plaint sincèrement ; elle s'est promis de vous témoigner toute la peine que lui ont causée et que lui font encore éprouver vos cruelles incertitudes. — Il s'agissait de constater l'état des dépôts où furent jadis renfermés les chartes, les diplômes et les lettres des Souverains qui fondèrent, il y a douze siècles, confirmèrent ensuite, et accablèrent de leurs largesses ces établissements si fiers de leur antiquité et de leur opulence, que peu d'années ont vus tomber dans le néant. — Que je suis malheureuse ! je cherche à me rappeler le moment où cette crainte m'est venue, le degré d'attention que j'y ai donné, les pensées qui m'en ont détournée ! — Minos, avant de me récompenser du peú de bien que j'ai fait, du peu de services que j'ai rendus, me punit des maux que j'ai laissé faire. — Pourquoi ôter à l'homme, que les sages de tous les temps ont regardé comme le chef-d'œuvre de la création, la place honorable que le Très-Haut semble lui avoir assignée dans la chaîne des êtres ? — Un de ces orgues que j'ai souvent entendues dans le Languedoc, passa sur le chemin ; un charme irrésistible m'entraîna vers lui. — J'ai vu fabriquer dans cette belle manufacture des schalls que j'avais vu vendre à Bruxelles pour schalls anglais. — Quelques journaux écrits avec pureté se sont, il est vrai, imposé une tâche pénible et délicate, mais ils l'ont toujours remplie avec soin et avec intelligence. — J'étais heureuse ; pourquoi m'avez-vous ravi mon bonheur ? pourquoi dites-vous qu'il ne m'a jamais aimée ? Ce matin encore, je me suis rappelé des mots, des expressions qui m'ont pénétrée d'une douce joie. — Il faut rendre au Dieu qui nous l'a donnée, une âme que les affections sensibles ont seules occupée. — Hélas ! avez-vous donné quelques larmes aux regrets que cette lettre a ranimés dans mon cœur ? Avez-vous pressenti toutes les réflexions amères qu'elle m'a suggerées ? — Que d'obstacles mon époux n'a-t-il pas eus à vaincre pour s'unir à celle qu'il avait toujours chérie ! — Cette femme me répondit, les larmes aux yeux, ce peu de mots : A tort ou à raison, je me suis persuadé que l'objet de toutes mes affections m'a déjà oubliée. — Les opinions de l'auteur, qui nous ont paru trop exagérées, ont reveillé des idées sinistres qu'on avait crues totalement effacées. — Les méchantes femmes dont votre mère nous a parlé, ont comparu devant les magistrats qui les ont jugées coupables sur le témoignage de quelques personnes dignes de foi. — Je souhaitai de me montrer encore une fois à lui, reconquérant cette existence qu'il avait regrettée pour moi. — Je reçus alors un billet de madame D'Arthenas qui m'informait qu'elle s'était foulé le pied en montant dans sa voiture, et qu'elle ne pouvait sortir, comme elle l'aurait désiré. — Pour composer à un écrivain tel que Voltaire cet immense patrimoine de gloire, combien d'hommes la nature n'a-t-elle pas déshérités! — Ces deux littérateurs très recommandables se sont acquis une grande réputation dans la république des lettres, qu'ils ont illustrée par leurs écrits. Plusieurs villes se sont disputé la gloire de les avoir vus naître; plusieurs provinces se sont vantées de les avoir possédés dans leur sein. — Nous nous sommes bien fatigué l'esprit à chercher loin de nous des choses qu'on nous avait mises sous la main. — Vous comptez les veilles nombreuses que m'ont coûté ces œuvres! Je les ai composées en très peu de temps; souvent le même jour me les a vu commencer et finir. — Je ne sais pas pourquoi cette femme s'est laissée persuader par les raisonnements spécieux qu'on a mis en avant, et qui l'ont induite en erreur. — Nous croyons que cette pièce méritait de réussir; nous l'avons vu jouer avec intérêt; aux beautés qu'il n'avait pu traduire, M. Ducis en avait substitué de son propre fonds. — Quand les Romains se furent assuré la possession de la Sardaigne et de la Corse, on ferma à Rome le temple de Janus. — Il a fait l'histoire de notre décret sur le divorce, des maux qu'il a causés, des réclamations qu'il a excitées, et des apologies qu'on a tenté d'en faire.

—J'ignore pourquoi ces messieurs se sont établis juges dans une affaire qu'ils n'ont jamais connue à fond. —J'ai conquis plus de terres à votre Majesté, qu'elle n'en a hérité de l'empereur Charle-Quint son père, et cependant je meurs de faim! — Que de vertus elle a tirées du remords! Combien elle vaut mieux que moi, qui, me traînant sur les dernières limites de la morale, essaie de me persuader que je ne les ai pas franchies! — J'ai vu des orateurs qu'on avait soupçonnés de s'être laissé corrompre, quoiqu'ils eussent donné des preuves d'activité et de zèle dans l'accusation. — Pour quelques leçons utiles que la liberté de la presse a répandues dans ces temps orageux, combien de sentiments pervers n'a-t-elle pas enracinés dans le cœur des hommes! combien de familles n'a-t-elle pas perdues! combien de brigands n'a-t-elle pas élevés sur les ailes de la fortune!

Les sociétés étant devenues fort nombreuses par la succession des temps, et les familles s'étant partagées en diverses branches qui avaient, chacune, leur chef, il fallut confier le gouvernement à un seul pour réunir sous une même autorité plusieurs chefs que l'intérêt aurait certainement divisés tôt ou tard. — J'avais beaucoup d'affaires; quand je les ai eues terminées, je suis parti. — Le duc de Cambridge, ayant perdu son titre de lieutenant-général des troupes hanovriennes, depuis qu'il les a laissé faire prisonnières, va obtenir un commandement de même grade dans l'armée de ligne britannique. — Quels pays ce voyageur n'a-t-il pas découverts! quels monstres n'a-t-il pas vus! quels habitants n'a-t-il pas rencontrés! quelles coutumes singulières n'a-t-il pas observées! — Les femmes ont abandonné les fonctions maternelles;

les soins de la toilette ont remplacé ceux du ménage, un sein mercenaire les a suppléées dans les
devoirs si doux de l'allaitement. — Quels efforts
n'a-t-il pas fallu, quelle résistance n'a-t-on pas
rencontrée pour établir ces effets surprenants de
communication entre l'homme qui jouit de la plé-
nitude de ses sens, et celui qui n'en jouit qu'en
partie ! — Cette femme est vertueuse, je l'ai suivie
dans toute sa conduite, et jamais assurément je ne
l'aurais laissée s'engager dans des démarches aussi
inconsidérées. — La divinité qui a eu les hommages
de Paris sous le nom de Mérope, m'est toujours présente à cent lieues de Paris, comme sur les autels
où elle s'est fait adorer. — Le Général reçut
des depêches importantes ; après les avoir lues, il
assembla sur-le-champ ses officiers-généraux, et
s'entretint avec eux sur les mesures qui leur
avaient déjà paru les plus avantageuses. — Que
de feuilles ont disparu avec le matin qui les a vues
naître ! Cependant, tous tant que nous sommes,
nous les avons recueillies et lues avec avidité. — De
plusieurs lettres qu'il a écrites au Maréchal, voilà
celle que je regarde comme la plus utile à produire ; on l'a soustraite frauduleusement du procès.
— Cette grâce, cette élégance se trouve dans ce
passage où il peint les mêmes princesses marchant
vers l'autel, pour y célébrer leur hymen. — Qu'on
voit de ces jeunes-gens à la mode, qui, possédant
des talents réels ou apparents, veulent s'en faire
un moyen de célébrité publique ! — L'influence
extraordinaire que ces événements ont eue sur les
destins de la Grèce, peuvent faire aisément par-

donner les détails auxquels l'historien s'est livré. —J'ai lu avec beaucoup d'intérêt ces drames et ces tragédies que j'avais déjà vu jouer. — Quelque bonne opinion que nous ayons de notre mérite, il faut convenir cependant que nous avons reçu plus de lumières des étrangers, que nous ne leur en avons donné. — Je ne sais pourquoi cette femme s'est permis un propos de cette nature, qui lui a fait beaucoup de tort dans l'esprit de ceux qui l'avaient jugée plus favorablement. — Vous avez su mettre fin à cette honteuse tyrannie que nous avons trop long-temps laissé exercer jusque sur les tombeaux. —Ces monuments funèbres, ces tombes antiques ont subi d'étranges métamorphoses; une philosophie chagrine, non moins que vindicative, les a travestis au point de les rendre méconnaissables. — Combien d'hommes que la nature avait destinés à exercer des professions utiles, se sont faits auteurs au détriment des états qui les réclamaient, et sans aucun profit pour eux-mêmes! --Quels biens, mon ami, et quelles richesses réelles vous ont produits vos sauvages vertus? — Cette femme veut nous persuader qu'on l'a abusée, parce qu'elle s'est laissée séduire par un homme sans mœurs, qui l'a trompée et volée. — J'ai donné à cette traduction le degré de correction dont je l'ai crue susceptible; je m'estimerai fort heureux, si j'apprends que vous l'avez lue avec intérêt.— Oh! la belle journée qu'il a fait aujourd'hui, et que nous l'avons passée agréablement! — Elle est revenue chez moi pour me dire qu'elle avait revu madame de Vernon, et s'était assurée qu'elle n'avait aucun tort. — Je succombai, et ce cri ne m'échappa qu'après les combats les plus violents que le caractère et le sentiment, la raison et la souffrance se soient jamais livrés. — Il ne veut pas paraître l'esclave d'une femme ; il revient aux intérêts de gloire et de fortune, qu'il se reproche d'avoir trop négligés. — Les arbres magnifiques que vous avez vu abattre, étaient fiers d'avoir vu Turenne et Condé se reposer sous leur ombrage. — Les sommes que j'avais prodiguées, servirent contre moi ; les querelles que j'avais apaisées, les différents que j'avais accordés, les procès que j'avais prévenus, me firent beaucoup d'ennemis qu'assurément j'étais loin d'avoir mérités.— On envoya le dictateur Valérius contre une partie de l'armée romaine, qui, s'étant séparée de l'autre, s'était créé un Général.—Tous les habitants de la ville se sont portés au devant de cette généreuse princesse ; des guirlandes de fleurs se sont trouvées tendues d'un bâtiment à l'autre dans toutes les rues de son passage, en sorte qu'elle est parvenue, sous un long berceau de roses, à la maison magnifique qu'on lui avait préparée. — Que j'ai de chagrin, hélas, que tu aies éprouvé autant de peines ! Si je t'en ai causé, pardonne moi ce tort involontaire.—Quels furent à la fois et la surprise et l'attendrissement du monarque, lorsqu'il apprit que le ministre qu'il avait eu la faiblesse d'exiler, s'était chargé de sa défense, qu'aucun avocat n'avait jusqu'alors entreprise ! — Nos soldats se sont réservés pour cette expédition militaire qu'ils ont vivement souhaitée ; ils se sont réservé la gloire de terminer heureusement la lutte trop longue qui s'est engagée entre les deux partis. — Je passai devant la maison qu'occupait autrefois madame de Vernon ; vous savez qu'elle s'est fait ensevelir dans son jardin, et que sa fille a conservé la maison, sans vouloir l'occuper, quoiqu'elle l'ait ornée des meubles les plus précieux. — Quelques habitans des campagnes s'étaient laissés égarer par des gens vendus aux ennemis de la France ; notre douceur les a fait rentrer dans le devoir.—Les choses en sont venes à un état qui ne peut plus se soutenir ; ta femme et ta fille se sont imaginé sans doute que ton départ leur laisserait une impunité entière. — Il y a dans la conversation, des lieux communs qui deviennent insupportables avec le temps, à force de les avoir entendu répéter. — Cet écrivain prétend que la reconnaissance et l'estime sont les seules obligations qu'un homme d'honneur contracte envers la femme qui s'est donnée à lui avec sa fortune.—Différents cartons étaient remplis de notes précieuses qu'il avait écrites de sa propre main ; mais la Commission militaire les a envoyé querir, et s'en est malheureusement emparée. — Ces tableaux et ces statues replacés aux lieux qui les ont vus naître, instruiront les peuples plus éloquemment qu'au Musée.—Mon ami, ces gens se sont persuadé que vous avez emmené vos filles à dessein , et que vous les avez laissées entrer dans ce bosquet, pour que toutes les fleurs en fussent cueillies par elles.—Quels talents et quelle patience n'a-t-il pas fallu pour faire reconquérir à ce jeune homme les avantages que lui avait refusés la nature ! — Ces meubles que j'ai laissé visiter, ont paru fort beaux à toutes les personnes qui me les ont vu acheter. — Je vous donnerai, messieurs, des leçons de style et de bon goût, comme je vous en ai déjà donné de politesse. — L'opinion où l'on est que l'Egypte a seulement reçu des Berberis ses connaissances et ses lois, sans avoir été primitivement peuplée par eux, paraîtra moins problématique aujourd'hui qu'elle s'est accréditée.

Une jeune Muse vient d'ajouter un nouvel ornement à la couronne poétique que lui avaient déjà décernée les Grâces et le Dieu du goût.—Telle

est la position de cette monarchie toujours crois-
sante, qu'elle ne peut pas se promettre plus de
succès qu'elle n'en a obtenu jusqu'à présent,
quelque influence qu'elle ait exercée dans tous
les temps. — La fausse philosophie fait grand bruit
de quelques lumières qu'elle a, dit-elle, répandues.
— Il faut convenir que, dans ce siècle, plusieurs
sciences, et surtout les sciences naturelles, ont
fait des progrès qu'elles auraient faits sans doute
sans cette fausse philosophie qui s'est trop vantée
de miracles qu'elle n'a point opérés. — Mon jeune
fils me mande que j'ai dû recevoir des renseignements sur sa conduite ; que les parents de ses
condisciples en ont tous reçu, ou sont à la veille
d'en recevoir. — Ma patrie, ma famille, mes amis
se sont présentés à mon esprit ; ma tendresse s'est
réveillée ; une certaine inquiétude, que je n'avais
pas éprouvée jusqu'alors, a achevé de troubler mes
sens. — Qu'est devenue cette nation, que sont
devenues ses anciennes lois qu'elle a laissées envahir
par des lois nouvelles ? — La pluie que j'ai sentie
tomber, nous aurait cruellement incommodés en
route. — Ma jambe que j'ai senti toucher, s'est
reportée en arrière par un mouvement très naturel.
— Cette Jeunesse éblouie par le prestige de la
gloire et des succès, s'était laissé entraîner sur les
pas du ravageur du monde, selon l'expression de
Bossuet. — Le pédantisme est, en général, susceptible sur les procédés dont il fait usage, lors
même qu'il les a adoptés avec le moins de réflexion.
— La grande affaire dont on vous a parlé, et qui
occupait la Commission militaire, a été terminée ce
matin comme je vous l'ai annoncé ; c'était à tort
que plusieurs personnes prétendaient qu'on l'avait
encore renvoyée à un autre jour. — Il y a des fautes
graves qui tiennent ou à la connaissance impar-

faite que M. Delille paraît avoir de la langue anglaise, ou au trop de confiance qu'il a donné à des traductions peu fidèles. — Quand madame de Bellefond la conduisit à la cour, ce ne fut qu'après l'avoir bien instruite de tout ce qu'exigeait l'étiquette. — Les beaux traits de courage et de générosité qu'elle avait entendu raconter de ce jeune prince, l'avaient tellement intéressée, qu'elle avait le plus grand désir de le connaître. — Ces jeunes-gens avaient paru sensibles aux reproches que je leur ai faits ; je croyais en conséquence les avoir persuadés ; mais ils m'ont prouvé par leur conduite, que je ne les ai en aucune façon convaincus. — C'était un de ces hommes qui se sont persuadé qu'on peut impunément ébranler les anciennes masses d'une monarchie ; mais qu'il a eu lieu de détester les crimes qu'il a vu commettre ! — Cette conspiration, qu'on a reconnue fausse, est une des plus absurdes chimères qu'on ait jamais présentées à la crédulité publique. — Qui louera cet homme bienfaisant, si ce n'est vous, femmes, vieillards et orphelins qu'il avait ajoutés à sa famille, vous qui jouissez, chaque jour, des améliorations qu'il a suggérées, recueillies ou produites ? — L'école d'Athènes est la première fresque que Raphaël ait eue à faire au Vatican. — Trois soldats se sont laissé désarmer ; le Général aussitôt les a déclarés indignes de servir dans les troupes françaises. — Alexandre fit assembler ses soldats, et, les ayant détournés du projet de retourner dans leur patrie, il les exhorta à continuer la guerre qu'ils avaient commencée en Asie. — L'instituteur et le Conseil d'administration de la commune affirment qu'ils se sont assurés que les réponses de l'enfant ne sont pas l'effet d'une mémoire heureuse. — On cite plusieurs des bons mots de madame Dudeffant, on en a peu retenu de madame Geoffrin, que nous avons cependant entendu vanter bien des fois. — Le premier rang est dû aux fondateurs des monarchies; ceux qui les ont renversées, n'ont eu qu'une gloire funeste; ceux qui les ont laissées tomber, sont partout des objets d'opprobre. — Outre les défauts essentiels qu'on a justement reprochés à la partie d'invention, on en a relevé un grand nombre dans l'exécution et dans le style. — Ces travaux sont bien peu de chose en comparaison de ceux que j'ai vus s'exécuter au Louvre.—Madame, je vous ai assuré que je remplirai mes engagements envers vous; demeurez convaincue que je tiendrai la parole formelle que je vous ai donnée.—Les beaux esprits du siècle de Louis quatorze rencontrèrent dans Ninon de Lenclos une des femmes les plus extraordinaires que la nature ait produites.—Les vices se sont déclaré la guerre, et c'est de ce choc ténébreux, que sont resultées toutes les infortunes qui nous ont si long-temps accablés.—Ces questions sont fort intéressantes; Pascal les a vues naître, et les a résolues.—Hélas! il s'efforce de cacher l'impression que Mélanie a faite sur son cœur, bien certain que son père ne consentira jamais à l'alliance qu'il a projetée! — Je ne pouvais imaginer qu'à mon âge je rencontrerais plus de difficultés que MM. Villars et Boufflers n'en avaient éprouvé. — Les gens de lettres peuvent se rendre plus de services entre eux, qu'ils n'en ont reçu de Richelieu et de Louis quatorze, redevables tous deux d'une grande partie de leur renommée à la protection qu'ils ont accordée aux lettres. — Voici un des plus beaux spectacles qui se soient jamais offerts à nos yeux étonnés; la cérémonie qui a eu lieu à Notre - Dame, était magnifique; ceux qui l'ont vue, l'ont jugée comme moi. — J'ai rencontré votre mère, je l'ai assurée des séntimens pleins d'estime qu'elle m'a inspirés depuis long-temps, et que je lui ai voués pour jamais. — Cette objection futile, je l'ai entendu répéter mille fois, et je crois y avoir répondu d'une manière péremptoire. — Il nous a donné sur le caractère de ces écrivains beaucoup plus de détails que nous n'en avions eu jusqu'à ce jour.—Que de sottises n'ont pas débitées ces orateurs, que j'ai entendus longuement discourir sur des matières qu'ils n'ont jamais connues! —Cette jeune personne que j'ai fréquentée, n'est pas aussi douce, aussi polie que je l'avais cru. —Quand la reine se fut assurée de la discrétion de sa fille, elle lui raconta les diverses anecdotes qu'elle avait entendu publier sur son compte.—César n'éprouva pas moins de maux qu'il n'en avait fait à tant d'honnêtes citoyens qu'il avait accablés du joug de la servitude. — Ariane, que Thésée avait séduite, ayant vu que ce malheureux prince l'avait cruellement abandonnée, se livra à la douleur, et s'exhala en plaintes amères: «Perfide Thésée, s'écriat-elle, est-ce ainsi que vous m'avez aimée? est-ce là le fruit des promesses que vous m'aviez faites? Quelle que soit votre ingratitude, pouvez-vous être insensible aux misères que l'on m'a prédites, et auxquelles votre abandon me livre à jamais? » — Ces brigands, après nous avoir volé tout ce que nous possédions, nous ont menacés de la mort, si nous osions faire part à quelqu'un de la scène déplorable qui s'était passée sous nos yeux. — Deux amies eurent une contestation sur ce qu'elles se devaient mutuellement: C'est moi qui vous dois tout, dit l'une, vous m'avez comblée de biens. Si cela était, je vous devrais bien davantage, reprit l'autre, moi que vous avez comblée d'honneurs. — Je m'aperçois qu'on nous a volés ; je donne ordre aussitôt qu'on aille avertir la gendarmerie, qui seule poura découvrir où sont les fripons qui se sont introduits dans cet hôtel. — Anne disait à sa sœur, en lui parlant d'Enée : « Quelles que soient les vaines raisons qu'il allègue, en quittant ces lieux où il a joui des dons et des faveurs que vous lui avez prodigués, c'est vous seule qu'il a fuie ; c'est vous qu'il a livrée à tous les maux qui retomberont un jour sur sa tête coupable. — Démosthène reçut d'Harpalus une coupe d'or et vingt talents, pour ne pas prononcer l'opinion qu'il avait laissé entrevoir contre ce trésorier infidèle. Quelle qu'ait été d'ailleurs la conduite noble et généreuse de Démosthène, rien ne saurait justifier ce tort impardonnable. — Cette jeune personne s'est déplu au couvent, parce qu'on l'y a traitée de la manière que je l'avais bien présumé, c'est-à-dire sans égard pour une personne dont la famille s'est rendue à jamais célèbre sous plusieurs de nos rois. — Un peintre qui avait représenté la charmante Hélène, l'avait parée d'habits magnifiques ; Apelle qui considérait son tableau, dit : Ne pouvant la faire belle, il l'a faite riche.

Les trois champions qui se sont fait le plus remarquer dans l'espèce de joûte qu'ils ont livrée en faveur de Shakespéar, sont Mad^me. de Montagu, M. Sherlock et le chevalier de Rutlidge. — Mad^me. de Montagu loue Shakespéar d'avoir puisé la plûpart de ses sujets dans l'histoire de son pays ; et, pour nous faire admirer la manière dont il les a traités, voici quelques-uns des endroits qu'elle a choisis comme des modèles d'éloquence.—La Sicile et la Sardaigne ne sauraient vous dédommager de la perte de tant d'armées nombreuses, de tant de généraux célèbres que vous a coûté la conquête de ces deux îles. — Ces deux demoiselles sont toutes bonnes et tout aimables ; les ayant fréquentées long-temps, je connais leur caractère.—Avec quelle complaisance la foule des auteurs médiocres s'est plu à citer comme autorité irréfragable cet apophthegme de Voltaire. — Quelque différents que soient les peuples sur la terre, ils reconnaissent tous un Dieu qui les a créés à son image. — Ces deux jeunes gens se sont plu en se voyant pour la première fois : tel est souvent l'effet d'une heureuse sympathie. — Ces deux messieurs sont tout bons et tout aimables ; il n'y a personne qui n'ait eu à se louer de leur obligeance. — Quelle femme incomparable ! mais qu'elle a été malheureuse ! Jamais autant de beauté ne s'est éteinte dans autant de larmes. — Je dors mal depuis long-temps, et j'en ignore la cause. Sur quinze nuits, j'en ai passé dix sans pouvoir fermer l'œil ; mais les cinq dernières, je les ai dormi plus tranquillement. — Tout fortunés que vous paraissent ceux qui jouissent de grands biens, je ne voudrais pas changer avec eux de condition. — Nos deux associés ne se sont jamais entendus ; ils se sont nui autant qu'ils l'ont pu : il en est résulté que leurs affaires ont mal tourné ; au lieu que, s'ils s'étaient accordés, ils se seraient procuré une honnête fortune qu'ils auraient conservée. — Tout audacieuse que cette femme vous paraît, elle a versé des larmes quand le président du tribunal l'a condamnée à la réclusion. — L'accès est assez facile aux mauvaises brochures, parce qu'après les avoir laissées traîner quelque temps sur la cheminée, on les jette sans les avoir lues.—Quelles que soient nos ressources, toutes certaines que sont les promesses qu'on nous a faites, nous craignons encore de voir cette interminable affaire aller à vau-l'eau.— Cette actrice s'est imaginé, je ne sais sur quel fondement, que les ingénuités de toutes les coquettes sont des emplois particuliers et séparés qui ont, chacun, leur chef. — Tout incrédule que cette femme est ordinairement, elle s'est laissé persuader qu'elle peut faire fortune par des moyens qu'elle a déjà reconnu être insuffisants. — Nos deux jeunes-gens se sont d'abord regardés, puis ils se sont adressé des paroles vagues et insignifiantes; enfin ils ont causé et se sont entretenus avec un intérêt et une chaleur que tout le monde a remarqués.—Quelle que puisse être, messieurs, votre manière de voir, quelque peu convaincus que vous soyez de ce dogme consolant, prenez garde de laisser entrevoir vos opinions. — Notre âme est immortelle; Dieu qui l'a créée, l'a faite à son image, et l'a rendue capable de l'aimer et de le servir. — Il veut à toutes forces que le cardinal de Richelieu ait fait un mauvais livre. A la bonne heure! tant d'hommes d'Etat en ont fait. — Toutes ridicules, tout inconvenantes que sont ses manières, on les lui pardonne à cause de la franchise qu'il a toujours professée.—S'il avait demandé M. Fontenelle pour examinateur, je lui aurais fait tous les vers qu'il aurait voulu. — Le peu de science qui s'était conservé chez les hommes, était renfermé dans les cloîtres.— Vous décriez nos pièces avec l'avantage non seulement d'en avoir vu, mais d'en avoir fait. — Les grands génies se sont survécu à eux-mêmes. — Je me moquerai à mon tour de ceux qui se sont moqués de nos institutions. — Les deux frères avaient été jusque-là si discrets, qu'ils s'étaient caché l'un à l'autre leur passion.—Elle réduisit à leur juste valeur les espèces de bas aloi ; tout ce qu'il y en eut d'altéré rentra dans ses coffres. — Quelque puissants que vous soyez, craignez les caprices de la Fortune qui vous a comblés de ses dons.— Quelque précieux que soient ces objets, ils n'ont inspiré qu'une froide curiosité aux personnes qui les ont examinés.—On reconnaîtra le caractère moral de Socrate, un des plus beaux génies qu'il y ait jamais eu. — Pleurez ce grand capitaine, et dites : Voilà celui qui nous a si souvent menés à la victoire ; sous lui se sont formées ces intrépides phalanges qui se sont dévouées tant de fois pour le salut de l'Etat.—Quelque étrangers que vous devriez être aux sciences, vous n'en avez pas paru moins instruits. — Voyez la jolie scène que votre étourdi m'a valu avec son billet. — Les Russes, les Polonais et les Suédois s'en étaient disputé la possession. — Quelque rares qualités que vous ayez eues en partage, croyez que vous êtes loin de la perfection. — Les jours que j'ai mangé avec lui, m'ont paru plus courts que ceux où j'ai mangé seul. — Les fautes et les malheurs de cette princesse sont venus de ce qu'elle s'est laissée écarter de la bonne route par l'impulsion des novateurs qu'elle a écoutés. — Quelque riches seigneurs que vous soyez devenus, vous n'êtes pas étrangers à l'humanité. — Ils gravaient ces chants et ces éloges dans les forêts ou en plaine campagne, et l'on dit qu'on en a trouvé depuis peu sur les rochers du nord. — Il a suivi les différentes éruptions qu'il a vues commencer le 20 octobre ; il a remarqué que le torrent de lave est sorti d'une nouvelle fente qui s'est étendue au loin.

— Pourquoi reprochent-ils à Boileau d'avoir placé
sur la tête de Louis des lauriers que Louis, dans
sa grandeur, n'avait ni cueillis, ni vu cueillir? —
Quelle que soit l'obscurité dans laquelle on a enve-
loppé depuis quelque temps les affaires de la Russie,
elles ne tarderont pas à être éclaircies. — Voilà
la charmante réception que mon brillant costume
m'a valu. — Quelle que soit notre situation, sachons
mettre des bornes au vaste champ des désirs. —
Cette mère s'est consolée de la perte douloureuse
qu'elle a faite. — Sire, l'élite de la nation vient rendre
au Tout-Puisssant de solennelles actions de grâces
pour la paix glorieuse et prompte que nous a valu
votre heureux retour dans les États que vos aïeux
ont gouvernés. — C'est après avoir entendu la
lecture de ces deux premières scènes, que Boileau prononça ce jugement dont la malignité s'est
si souvent prévalue contre Crébillon. — Quelques
bonnes œuvres que nous fassions, elles ne sont
comptées pour rien, si elles ne sont accompagnées
de l'humilité. — Les murs de Carthage vaincue et
ses tours renversées gisent épars sur le rivage.
Quelles craintes cette ville n'a-t-elle pas jadis ins-
pirées à Rome! quels efforts ne nous a-t-elle pas
coûté, lorsqu'elle nous insultait jusque dans le
Latium et dans les champs de Laurente! — Tout
braves, tout entreprenants qu'étaient les Romains,
ils ont trouvé dans les Carthaginois des adversaires
redoutables, qui ne se sont pas laissés abattre par
quelques revers. — Cette société s'était attiré
l'attention de la police, surtout dans les temps
de brouillerie entre la cour et les parlements. Il
n'est donc pas étonnant qu'elle se soit éclipsée en
peu de temps. — Cette pauvre mère était tout éper-
due, et sa fille était tout en pleurs; on les avait

menacées d'une punition qu'elles étaient loin d'avoir méritée. — Notre petite ville a été le théâtre d'événements importants qui se sont succédé avec une telle rapidité, que nous serions presque tentés de douter qu'ils se soient passés réellement, si nous n'avions pas sous les yeux les déplorables résultats que j'ai annoncés. — Toute sûre que vous paraît cette caution, je ne voudrais pas qu'on me l'eût donnée, ou du moins je ne l'aurais pas acceptée. — Les étymologistes ont perdu notre orthographe, ils l'ont entourée de difficultés nombreuses que n'ont point vaincues ceux qui se sont livrés le plus à la recherche de la vérité. — Ces jeunes gens sont tout comme tant d'autres ; tout réfléchis qu'ils paraissent, ils commettent cependant beaucoup d'étourderies. — Par une longue suite d'événements heureux, ce jeune prince se trouva l'héritier de domaines plus étendus qu'aucun monarque de l'Europe n'en avait encore possédé depuis Charlemagne. — S'il y a bien des gens qui se sont laissé couper les aîles, il y en a malheureusement bien davantage qui se les sont laissé arracher. — Tout harmonieuse que cette langue vous semble, on y rencontre beaucoup de mots dont le son est sourd et désagréable. — Quelque crainte qu'inspirent les despotes, quelque redoutables qu'ils soient réellement, ils ne sauraient épouvanter l'homme juste et vertueux. — Je ne suis pas surpris que Scarron, le Sage et quelques autres se soient plu à décrire la gent des comédiens comme une peuplade vivant au sein de la misère sans jouir du présent et de l'avenir. — Mad^{me}. la comtesse de ***, que nous avons vue mourir à Paris, appelait les esprits de l'hôtel de Brancas des esprits notés. Mad^{lle}. Quinault était un des arcs-boutants de l'hôtel de Brancas.

D 3

— Où sont donc les devoirs qu'on n'a point méprisés ,
Les forfaits que n'ont point couronnés nos hommages ,
Les vertus qu'on n'a point flétries (1) de mille outrages?

— Où sont les deux maisons qu'on a rendues voisines ?

— Une sœur qu'au couvent j'avais fait élever,
Depuis quatre ou cinq jours s'est laissé enlever.

— Là , par un long récit de toutes les misères
Que durant notre enfance ont endurées nos pères,
Je redouble en leur cœur la soif de le punir.

    — Mon cher Damis, la grandeur, l'opulence ,
    La dignité, la gloire sont ici
    Réduites , hélas! à vous crier merci.

— Comptez, si vous pouvez , les funestes ruines
Qu'ont produites si souvent le canon et les mines.

— Après tous les ennuis que ce jour m'a coûté ,
Ai-je pu rassurer mes esprits agités ?

    — Courez le long de ces murailles
    Qu'a noircies de ses feux le démon des batailles,
    Courez, tendres lilas , courez , jasmins fleuris.

— Odieuse , coupable , et peut-être adorée,
Toi qui fais mon destin jusqu'au dernier moment,
Ah! s'il était possible, ah! si tu pouvais être
Ce que mes yeux trompés t'ont vue toujours paraître !

— Quoi donc! en nous ouvrant ses innombrables routes,
La mer aux seuls Bretons les a réservées toutes !

    — Cette douce paix, qu'avec gloire
    Nous avait conquise la victoire,
    Aurait fui pour jamais ton sein !

_____

(1) Ces vers pèchent maintenant soit contre la rime,
soit contre la mesure ; mais tout le monde avouera que
faire des vers aux dépens de l'orthographe des mots d'une
langue , c'est réellement un péché capital , un péché irré-
missible.

— Que d'affreuses calamités,
Que de pleurs, que de sang a trop souvent coûté
À ces peuples déçus leur folle confiance !
Un jour d'erreur enfante un siècle de souffrances.

— Deux fois mes tristes yeux se sont vu retracer
Ce même enfant toujours tout prêt à me percer.

— Muse, s'il est encor quelques âmes pudiques
Qui n'ont point fait de pacte avec nos mœurs publiques,
Que la contagion de nos vices honteux
N'a point souillées, flétries de son fiel vénéneux,
Donne moi tes pinceaux, et laisse agir mon zèle.

— Il voulut prévenir en vous la vanité
Qu'en votre cœur eût peut-être excitée
Une facile et prompte réussite.

— Quel Dieu vous a donné ce langage enchanteur,
La force et la délicatesse,
La simplicité, la noblesse
Que Fénélon seul avait joints,
Ce naturel aisé dont l'art n'approche point ?

— Elle s'est toujours plu à faire des heureux.

— Ces siècles qu'ils ont vus passer comme des jours,
De l'homme humilié terrassent l'impuissance.

— . . Que votre raison se ramène à des fables
Que Sophocle et la Grèce ont rendues véritables.

— Excusez, oubliez, et que ma main efface
Jusqu'à la plus légère trace
Des pleurs que je vous ai coûté,
Et qui portent la mort dans mes sens attristés.

— Mais sa fortune, ami, comment l'a-t-il accrue ?
On sait qu'il est, en France, arrivé presque nu.

— . . Sans descendre enfin du trône d'Angleterre (1),
Que ne m'en avez-vous reconnue l'héritière ?

— Il ne veut reparaître à ses yeux enchantés,
Qu'embelli des affronts qu'elle m'aura coûté.

(1) C'est Marie Stuart qui parle.

D 4

— Animez sur la toile et chantez sur la lyre
Ce peu de vains attraits que m'ont donnés les cieux.

— Il ne vous a pas faite une belle personne,
Afin de mal user des choses qu'il vous donne.

— Entre mille beautés, ces délices des âmes,
En as-tu vu, Osmin, dont les attraits
Egalent ceux d'Emilie ?

— La fraternelle égalité
Qu'aucune loi n'obtint, que nul lieu n'a vue naître.

— D'une sœur aimable et charmante
Qui pourrait peindre la beauté ?
C'est une entreprise importante,
Et jamais on ne l'a tentée.

— Que de soins m'a coûté cette grande conquête !

— C'est s'égarer, j'en conviens avec vous,
Que de prétendre avec un cœur dissous,
Vous élever aux vérités sublimes
Qu'ont jusqu'ici démenties vos maximes.

— J'en mourrai ; mais, sans crime, au moins, j'aurai passé
Ce peu de jours, hélas ! que le ciel m'a laissés.

— Ils chantent les instants de cette heureuse nuit
Qu'ils ont vue s'écouler près de leur tendre mère.

— Dans cette triste conjoncture,
Où tout mortel subit les lois
Que nous a prescrites la nature,
Dieu ! quelle touchante peinture
De le voir aux derniers abois !

— On voyait les ruisseaux, les sources, les fontaines,
Se disperser, se fuir, et plus loin réunis,
Enfoncer dans les bois leurs nappes rembrunies.

— Que de pleurs son départ, hélas ! m'aurait coûté !

— Ces perfides, tous deux, se sont dits aujourd'hui
Et subornés par vous, et subornés par lui.

— Permettez qu'en nouveau venu
    Je salue à la ronde
Tous ceux qu'autrefois j'ai connus
    Dans le précédent monde.

— J'en ai beaucoup connu qui vantaient leur savoir.

— Quelques efforts qu'ait toutefois tentés
    De leur courroux l'âpre malignité.

— Moi ! l'esclave d'Egysthe ! ah ! fille infortunée !
Qui m'a faite son esclave ? et de qui suis-je née ?

— Pendant ces derniers temps combien en a-t-on vu
Qui, du soir au matin , sont pauvres devenus,
    Pour vouloir trop tôt être riches !

— Et de ce peu de jours si long-temps attendus,
Ah! malheureux, combien j'en ai déjà perdu!

        — Pour hâter notre ruine ,
        Les monstres ont inventé
        La plus horrible machine
        Que l'enfer ait enfantée.

— La jeune Pholoé , que la Crète a vue naître ,
Connaîtra désormais Sergeste pour son maître.

— Sa robuste jeunesse et sa mâle vigueur
Que n'a point de l'Europe énervées la langueur.

— De cent ragoûts exquis la douce exhalaison
M'est par un soupirail venue rompre en visière.

— Qui t'a ravi cet arc?— La charmante Phyllis.
    — De quel moyen s'est servie la bergère ?
    — L'Amour a cru le donner à sa mère.

— Souvent il rencontrait des mines solitaires
Que du mineur jadis ont habitées les pères.

— Il offrit à leurs yeux mille beautés secrettes
Que la nature avare avait jusques alors,
Loin des faibles mortels, cachées dans ses trésors.

— M'accouderai-je à mon pupître
Pour vous traiter dans une épître
Ou de Minerve ou de Junon ?
Dans des entretiens où m'inspirent
Votre grâce et votre gaité,
Souvent je vous ai vue sourire
Aux boutades, même au délire
De mon cerveau trop exalté.

— O douleur ! mais comment opposer les refus
A l'homme qui des Dieux n'en a jamais reçu ?

    — Jouissez des félicités
Qu'ont méritées pour vous mes bontés secourables.

— Quelle est donc cette tombe, en ces lieux élevée,
Que j'ai vue de vos pleurs en ce moment lavée ?

— Et vos pleurs et les miens ensemble confondus...
Des pleurs ! ah ! ma faiblesse en a trop répandu.

    — Dans un essaim de tant de belles
    Que le plaisir offre à nos yeux,
    Comment trouver les Immortelles
    Qu'Amour a conduites en ces lieux ?

— Ce sont des nations qu'ont imitées nos pères.

— . . Hélas ! que de pleurs, quelles vives alarmes
La faveur d'être père a coûté à mon cœur !

    — Quelquefois la vérité tue,
    Alors pourquoi la dirais-tu ?
    Sur celle qui doit être tue,
    Souvent la sagesse s'est tue.

— Ainsi passent, aux champs, des roses solitaires
Qu'on n'a point vues rougir, et qui, loin des bergères,
D'inutiles parfums embaument les déserts.

— Jeune reine des fleurs, l'orgueil de la nature,
Toi que, pour Psyché même, aurait cueillie l'Amour.

    — L'heureux talent qui brille en elle
    Lui donne-t-il plus de fierté ?
    Non vraiment ; elle est immortelle,
    Et ne s'en est jamais doutée.

— On l'a vue partager (et le crime est croyable)
De son indigne époux la joie impitoyable.

— La Grammaire est un peu têtue ;
L'usage, son vieux guide, est aveugle et tortu ;
Contre elle et contre lui ma raison s'est battue,
Mais ne se tient pas pour battue.

— . . C'est moi qui voudrais effacer de ma vie
Les jours que j'ai vécu sans vous avoir servie.

— Réponds, fille aimable et chérie,
Dis, t'eussé-je aimée moins ? comment t'abandonner ?

— Ah ! je retrouve en lui cette odieuse race
Qu'a proscrite tant de fois le céleste courroux.

— Plaignez les maux qu'il a soufferts ;
Celui qui chantait au désert
Etait le malheureux Ovide.

— Songez à cet oracle, à cette loi suprême
Que la reine autrefois a reçue des Dieux mêmes.

— Ninon avait pris son parti,
N'étant, comme elle a dit, fille ni repentie ;
D'avoir mené joyeuse vie
Elle ne s'est pas repentie.

— Vû l'étroite union que fait le mariage,
J'estime qu'en effet c'est n'y consentir point,
Que laisser désunis ceux que le ciel a joints.

— Sur les rameaux qui l'ont vue naître,
Philomèle, la nuit, le jour,
Ne veut chanter que pour l'amour.

— Il paraît, en effet, digne de vos bontés ;
Il mérite surtout les pleurs qu'il m'a coûté.

— J'ai reconnu, j'en jure par vous-même,
Par la vertu que j'ai fuie, mais que j'aime,
J'ai reconnu ma détestable erreur.

— Elle touche, et cent fois elle arrose de larmes
L'habit dont son époux voulut parer ses charmes,

D 6

Quand aux yeux des Hébreux, s'avançant à l'autel
Tous deux se sont juré un amour éternel.

— Rome, l'État, mon nom nous rendent ennemis;
La haine qu'entre nous nos pères ont transmise,
Est par eux commandée et comme eux immortelle.

— Des femmes, des enfants dont la crédulité
S'est forgé à plaisir une divinité.

— Cette histoire est assez connue,
Ma muse innocemment s'en est ressouvenue;
Mais la moralité de ce trait saugrenu
Ne peut pas être soutenue.

— Malheureuse! où m'a conduite ma triste destinée!

— Quand je la vis pour la première fois,
Grand Dieu! qu'elle me parut belle!
Je l'ai vue, ce matin, s'égarer dans les bois,
Pour y cueillir la fleur nouvelle.

— Que de soins m'eût coûté cette tête charmante!

VARUS à *Mariamne*.

— Et du moins à demi mon bras vous a vengée.

LA COMTESSE.

— ... Je vous dirai qu'en vous quittant d'abord,
Je suis allée trouver le ministre Melfort.
Tous mes soins m'ont trahie, tout fait mon désespoir.

CHAPITRE SECOND.

PONCTUATION (1).

ON ne saurait trop recommander aux jeunes-gens de pratiquer la Religion, d'en suivre les préceptes admirables ; ils doivent être persuadés , tous tant qu'ils sont , qu'elle leur offrira constamment les secours qui leur sont nécessaires, soit pour soutenir leur courage , soit pour fixer les règles de leur conduite.

C'est à vous particulièrement , que je vais consacrer ces lignes, à vous, jeunes demoiselles, qui, après avoir fait l'ornement de la société, devez en être un jour le soutien, en vous y montrant comme d'intéressantes mères de famille. Toute votre vie n'est souvent qu'un tissu de douleurs ; vous ne pouvez, comme les hommes, vous distraire de vos chagrins, en vous jetant dans les affaires ou dans le tourbillon des plaisirs de la société ; vous êtes souvent obligées de couvrir du voile de la sérénité et du contentement les angoisses et les chagrins auxquels votre cœur est en proie : c'est alors que la Religion vous est d'un puissant secours , et c'est par elle que vous supportez mieux que nous vos

---

* Les *Réflexions* qu'on va lire, et qui sont adressées aux jeunes personnes du sexe, ont été traduites de l'anglais.

chagrins domestiques. Souvent encore vous vous trouvez dans une situation où la Religion est pour vous un frein salutaire ; vous êtes entraînées dans des dissipations qui vous trompent sous l'apparence de plaisirs innocents, mais qui, dans le fait, égarent vos esprits, altèrent votre santé, et souvent portent atteinte à votre réputation. La Religion, en refroidissant ce goût trop vif pour la dissipation, vous donne le moyen de jouir encore mieux de ces amusements qui, trop répétés, ne produisent plus que la satiété et le dégoût.

La Religion tient plus au sentiment qu'au raisonnement. Les points les plus importants de la foi sont suffisamment éclaircis, il faut vous y fixer, et ne pas vous mêler de controverse. Evitez toute espèce de livres et toute conversation capables d'ébranler votre foi sur les points principaux qui doivent être les règles de votre conduite , et sur lesquels sont fondées vos espérances d'une félicité éternelle. Loin de jeter du ridicule sur quelque point de la Religion, n'encouragez jamais les autres à le faire ; que votre silence et votre réserve imposent à ces prétendus esprits forts qui paraissent ne douter de rien.

Soyez exactes dans la constante habitude de faire vos prières du matin et du soir. Pour peu que votre âme soit douée de beaucoup de sensibilité , cette pratique religieuse établira entre l'Être suprême et vous une correspondance qui répandra sur votre vie un baume consolateur, vous affermira dans le chemin de la vertu, et vous aidera à supporter avec bienséance et avec dignité les vicissitudes du sort. Parmi les livres de dévotion, choisissez principalement ceux qui parlent au cœur, ceux qui inspirent des sentiments pieux et doux, ceux enfin où vous pourrez trouver des leçons utiles pour votre conduite ; mais gardez-vous bien de ces livres qui ne peuvent que vous jeter dans un labyrinthe inextricable d'opinions et de systèmes.

Ne faites jamais de la Religion, le sujet de vos conversations dans le monde. Si l'on en parle, ayez l'air de n'y donner aucune attention : toutefois ne souffrez pas que personne ose vous railler sur vos opinions religieuses. Si cela arrive, n'hésitez pas à montrer le même ressentiment qu'exciterait en vous une insulte de tout autre espèce ; mais le moyen le plus sûr d'éviter ce grave inconvénient, c'est d'être vous-mêmes très réservées, et surtout de ne vous permettre aucune plaisanterie sur les opinions religieuses des autres : c'est principalement aux personnes de votre sexe, que convient la tolérance en matières religieuses et politiques. Je ne doute pas que l'exactitude qui vous est recommandée dans l'accomplissement de vos devoirs, ne soit traitée d'attachement superstitieux aux formes ; mais, dans l'avis que je vous donne sur ce point et sur plusieurs autres, j'ai égard à l'esprit et aux mœurs du siècle.

Ouvrez vos cœurs au sentiment de la charité envers tout le monde, sans avoir égard à la différence de croyance avec la vôtre ; cette différence provient sans doute de causes indépendantes de vous, et dont vous ne pouvez vous faire aucun mérite. Montrez votre respect pour la Religion par celui que vous porterez à tous ses ministres,

quelle que soit leur croyance, pourvû que leurs
mœurs ne déshonorent pas leur état.

L'humanité bienfaisante pour tous les malheureux doit être la conséquence de votre piété. Des-
tinez aux œuvres de charité une partie de votre
revenu ; mais, en cela, comme dans la pratique de
tout autre devoir, évitez avec soin l'ostentation :
le témoignage d'une bonne conscience est la récompense naturelle de la vertu. Que votre charité ne se borne pas à repandre de l'argent ; il peut
se rencontrer plusieurs occasions où l'argent ne
serait pas nécessaire pour l'accomplissement d'une
bonne œuvre : par exemple, il y a un faux et un
cruel raffinement de sensibilité qui fait que bien
des personnes évitent de jeter les yeux sur des objets souffrants ; ne vous laissez pas aller à cette fausse
délicatesse. S'il s'agit de vos connaissances ou de
vos amis, que le jour de leur malheur, lorsque tout
le monde les évite ou les oublie, soit pour vous le
moment de déployer votre sensibilité et de remplir les devoirs de l'amitié : le spectacle des misères humaines attendrit et purifie le cœur, il ra-
baisse l'orgueil déplacé qu'inspirent la fortune et
la prospérité. Le sentiment d'un devoir rempli
compense amplement la peine qu'il peut avoir
coûté, et dispose nos âmes à cette tendre émotion
qu'excitent les maux que nous partageons.

Un des principaux ornements du caractère d'une
femme, c'est cette réserve timide, c'est cette modestie aimable qui évite l'œil du Public, et qui est
déconcertée par les regards mêmes de l'admiration.
Je ne veux pas que vous soyez insensibles aux
louanges ; si vous l'étiez, vous perdriez beaucoup

de vos avantages; mais ne vous laissez pas éblouir par des éloges auxquels vous seriez trop sensibles. La modestie et la reserve, que je regarde comme si essentielles à votre sexe, vous disposeront naturellement au silence dans les assemblées et dans les cercles, surtout s'ils sont nombreux. Les personnes sages et clairvoyantes ne confondront jamais ce silence avec la stupidité ni avec le défaut de savoir. On peut prendre part à une conversation, sans proférer un seul mot; une certaine expression dans la physionomie suffit pour montrer qu'on prend intérêt à ce qui se dit; et c'est ce qui n'échappe pas à un œil observateur.

Il faut que vous ayez en public un maintien noble, mais plein d'aisance; il faut éviter cet air d'assurance ou de hardiesse qui semble braver les personnes avec qui l'on est. S'il arrive que vous fassiez la conversation avec quelqu'un, et qu'une personne d'un rang supérieur vous adresse la parole, ne permettez pas qu'une attention trop empressée ou qu'une préférence trop marquée annonce votre embarras; en agissant autrement, vous vous exposeriez au mépris de la société, et vous insulteriez un homme honnête sans autre motif que celui de flatter l'amour-propre d'un autre qui peut-être ne vous en saurait aucun gré.

Quand vous vous trouvez avec des personnes d'un rang supérieur, conservez toujours un maintien noble et réservé, qui éloigne toute familiarité choquante pour certaines gens. Ne faites jamais briller votre esprit aux dépens de qui que ce soit; l'esprit est le don le plus funeste, s'il n'est guidé par la prudence et par la bonté du cœur. On ne saurait dire à combien de personnes l'esprit a suscité d'ennemis très dangereux ; est-ce qu'il n'est pas compatible avec la douceur et avec la réserve ? Si vous avez acquis quelques connaissances, ne cherchez pas à en faire parade. Combien d'hommes voient d'un œil jaloux les femmes qui se piquent d'avoir un esprit cultivé ! il est donc plus prudent de ne pas montrer toute l'étendue de ses connaissances. L'homme sage et d'un vrai mérite vous aura bientôt jugées, si vous avez du savoir et des qualités. Vous tenez-vous dans la réserve ; il vous en supposera encore davantage. Le grand art de plaire dans la conversation consiste à faire en sorte que chacun soit content de soi, et vous y réussirez bien plus facilement en écoutant, qu'en parlant.

Ne confondez pas l'enjouement avec la plaisanterie ; l'un fera désirer votre société, l'autre fera souvent qu'on l'évitera. L'enjouement vous donnera les moyens de plaire à tout le monde ; la plaisanterie éloignera de vous la confiance et le respect. Ne vous laissez point aller à la médisance, surtout contre votre sexe ; on vous suppose généralement ce défaut. Je crois que cette supposition est injuste ; les hommes n'y sont pas moins enclins, lorsqu'ils sont mus par quelque intérêt ; et, comme tous vos sentimens sont plus vifs que les nôtres, vous êtes aussi plus fréquemment exposées à la tentation de médire. Il faut donc que vous soyez extrêmement attentives à ménager la réputation de toutes les femmes, surtout de celles que vous pourriez regarder comme vos rivales dans notre estime. Témoignez beaucoup d'intérêt aux personnes de votre sexe, qui sont tombées dans l'infortune, ou qu'un amour malheureux a égarées ; en général, il est beau de se montrer le soutien de ceux que le sort persécute, et d'excuser les fautes qui sont involontaires, ou qu'on n'a pu éviter.

La plus légère atteinte à la décence dans la conversation, est une chose honteuse à un tel point, qu'elle est même tout-à-fait désagréable aux hommes bien élevés. Si l'on prononce devant vous la moindre équivoque, ou feignez de ne l'avoir pas entendue, ou faites connaître votre mécontentement avec le ton convenable. On vous reprochera peut-être de faire les prudes (par pruderie, on entend communément une réserve affectée) ; mais il vaut mieux passer pour ridicule, que de s'attirer le blâme et le mépris. Les hommes qui se plaignent de la réserve des femmes, ne sont pas sincères ; il y a loin de la réserve à la pruderie.

Respectez religieusement la vérité ; il n'y a pas de vice plus méprisable que le mensonge. Nous avons connu des femmes tellement adonnées à ce vice, qu'on ne pouvait accorder aucune confiance à leurs récits, surtout si elles étaient elles-mêmes les héroïnes de leurs narrations. Cette faiblesse ne provenait pas d'un mauvais cœur ; elle était simplement un effet de la vanité, ou le résultat de l'habitude qu'elles avaient contractée, de donner carrière à leur imagination.

Depuis plusieurs années, il s'est introduit parmi les hommes un raffinement de luxe, auquel les femmes ont été jusqu'à présent étrangères ; je souhaite pour leur honneur qu'elles le soient toujours : je veux parler du luxe de la table. Après l'orgueil et le mensonge, l'intempérance est le vice le plus méprisable ; mais, dans votre sexe, il est honteux et dégoûtant au delà de toute expression. C'est par les grâces naturelles sans affèterie, c'est par la douceur de leur caractère et par la pureté de leurs mœurs, que les femmes doivent se faire chérir et estimer : c'est donc à tort que beaucoup d'entre elles paraissent avoir conçu l'espoir de reprendre leur ancien ascendant, en affectant des airs de grandeur, en étalant un luxe effrayant, en s'offrant à nos regards dans tous les lieux publics, et en conversant avec nous avec aussi peu de réserve, que les hommes en mettent entre eux. Un peu de temps et une courte expérience suffiront pour leur faire connaître la folie de leur plan et de leurs espérances.

On exige de votre sexe une fierté noble, jointe à une modestie douce ; elle est votre sauve-garde contre la familiarité des hommes. Ce sentiment doit se trouver en vous, indépendamment de la réflexion qui vous démontre que vous avez le plus grand intérêt à écarter la moindre liberté directe ou indirecte. Vos agréments et vos grâces si touchantes doivent être réservés pour l'heureux mortel à qui votre cœur est destiné. Je vous recommande de ne pas négliger cette élégance qui donne du lustre aux autres qualités, qui répand une grâce inexprimable dans vos regards, dans vos actions et dans vos discours, qui donne à la beauté ce charme sans lequel elle cesserait de plaire.

La toilette est une occupation très intéressante pour les femmes. Le goût de la parure leur est naturel, et par conséquent il est convenable et raisonnable. Ne bornez pas l'attention à votre toilette au temps où vous avez à paraître dans le monde; accoutumez vous à une propreté habituelle, de manière que, dans votre plus grand négligé, et dans ces heures du jour où vous croyez ne voir personne, vous n'ayez jamais à rougir, si par hasard vous êtes aperçues. Vous ne sauriez croire combien nous sommes portés à juger du caractère d'une femme par sa toilette; on y reconnaît la vanité, la légèreté, la malpropreté et la folie; une simplicité élégante annonce le goût et la modestie.

Parmi les exercices, je vous recommande ceux qui vous mettent dans le cas d'être souvent au grand air, tels que la promenade et l'exercice du cheval. Si vous vous accoutumez à ne sortir qu'en voiture, vous perdrez bientôt vos forces, votre fraîcheur et le goût de la promenade qui est si salutaire. Une mauvaise santé (et elle résulte souvent du défaut d'exercice) ne manque guère d'influer sur les qualités morales. Les personnes douées d'une âme très sensible ont fréquemment une santé délicate qu'elles sont trop portées à négliger. Leurs amusements sont une lecture assidue et les veilles, qui sont aussi pernicieuses à la santé, qu'à la beauté.

Il ne faut pas dédaigner les ouvrages à l'aiguille, à la navette, et d'autres ouvrages de cette nature. En s'y appliquant, on se met en état d'en juger avec connaissance : en outre, on remplit sans ennui les heures de loisir qu'on est obligé de passer chez soi ; et c'est un point très important pour le bonheur de la vie, que de savoir se créer des plaisirs aussi indépendants qu'il est possible. Les détails domestiques sont du domaine des

femmes ; ils leur fournissent une infinité d'occasions de faire preuve de bon goût et de jugement :
une fortune considérable ne peut dispenser une
femme du soin de sa maison. Les occupations domestiques peuvent être entremêlées de lectures. Le
grand livre de la nature est ouvert devant vos yeux ;
c'est là que vous pouvez trouver des amusements
très paisibles et très diversifiés. L'étude de l'histoire
et celle de la géographie vous offrent un des délas-
sements les plus agréables et les plus utiles tout-à-la
fois. La danse ne vous est pas défendue, mais il faut
y rechercher particulièrement l'aisance et les grâces
du corps ; quant aux spectacles, il faut y assister
fort rarement ; et, quand on y est entraînée, on doit
faire choix de ces ouvrages qu'une femme peut
lire et entendre sans rougir. Abstenez-vous du jeu,
dont le goût commence à se répandre dans nos
sociétés d'une manière effrayante. L'amour du jeu
est ruineux et incurable ; il donne naissance aux
passions les plus dangereuses, et il est odieux surtout dans votre sexe ; mais, s'il vous arrive de jouer
quelquefois en société, faites en sorte que le jeu se
passe sous les yeux de vos parents, et n'y mettez
aucune importance ni aucune suite.

L'amitié répand sur les maux de la vie un baume
consolateur ; les douceurs qu'elle procure, doivent
vous engager à vous y livrer ; mais combien il est
difficile de faire un heureux choix d'amis ! Choisissez
principalement pour vos amis ceux qui ont un
cœur droit et sincère ; si, à la sincérité et à la bonté
du cœur, ils joignent le goût et l'esprit, vos liaisons
n'en seront que plus douces et plus durables. A
mérite égal, ceux qui vous ont témoigné de l'attachement durant votre enfance, lorsqu'ils ne pou-

vaient attendre de vous aucun retour, méritent la préférence sur ceux qui vous sont connus depuis moins long-temps. Si vous êtes assez heureuses, pour trouver des amis dignes de ce nom dans toute son étendue, ouvrez leur votre âme, rendez les dépositaires de tous vos secrets. Quelle que soit votre franchise sur ce qui vous intéresse personnellement, ne révélez jamais à un tiers le secret qui vous aura été confié par votre ami ; c'est un dépôt sacré dont vous n'avez aucun droit de disposer.

Gardez-vous bien de faire, de vos domestiques, des confidents ; témoignez leur de la bienveillance, ne négligez rien pour adoucir leur situation ; mais, si vous les mettez dans votre confidence, vous les perdez en vous avilissant.

Prenez garde de tomber dans le ridicule de ces femmes qui croient voir un amoureux dans tout homme qui leur témoigne quelque attention ; rien n'expose plus au ridicule, que d'avoir l'air de craindre comme amant un homme qui n'a peut-être jamais songé à vous. Pourquoi s'étonner qu'un homme soit honnête et galant envers les femmes ? ce genre de politesse vous paraîtra sans conséquence, si vous avez le moindre discernement. Un homme sera à vos ordres, vous donnera la main pour vous conduire dans les assemblées publiques ; il vous rendra une infinité de petits soins, sans qu'il lui vienne dans la pensée de vous épouser. Vous ne devez considérer les propos doucereux de la plûpart des hommes, que comme des phrases banales qu'ils répètent à toutes les femmes, tant soit peu agréables, de leur connaissance. Si l'un d'eux s'avisait de prendre des airs de familiarité, un regard un peu sévère devrait lui imposer sur-le-champ.

Il y a une espèce d'hommes que vous devez regarder comme des connaissances aimables : ce sont les hommes qui réunissent l'esprit, le jugement et le ton de la bonne compagnie. Vous trouverez dans leur conversation des avantages que vous rencontreriez difficilement dans celle des femmes ; et vous auriez tort de vous priver des avantages de la société de telles personnes, parce que les sots feraient, de votre liaison, un sujet de plaisanterie ridicule. N'est-il pas naturel que les personnes qui ont les mêmes sentiments et surtout les mêmes goûts, aiment à se rapprocher, sans avoir pour cela en vue une liaison plus étroite ? Cependant, comme cette analogie de sentiments produit un attachement plus tendre que celui de la simple amitié, la prudence veut que vous vous teniez sur vos gardes, afin de ne point vous trouver engagées avant d'y avoir même songé.

Je ne connais rien qui rende une femme plus méprisable, que l'idée dans laquelle sont quelques-unes, que le mariage est une condition essentielle à leur bonheur. Outre que cette *idée*, en elle-même, a quelque chose de peu *délicat*, elle est encore très fausse, ainsi que des milliers de femmes ont eu le malheur de l'éprouver ; mais, quand elle serait vraie, l'adopter et montrer de l'impatience de vous marier, ce serait un moyen de n'y pas réussir. Je ne prétends pas toutefois que vous ne puissiez être heureuses dans l'état de mariage ; je connais le triste abandon dans lequel se trouve une vieille fille, la

mélancolie et la mauvaise humeur auxquelles elle
est en proie ; je sais combien il est difficile de fran-
chir avec dignité et sans regret l'espace qui sépare
les beaux jours de la jeunesse et de la beauté, de
ceux qui ne sont plus destinés qu'à la retraite, au
délaissement et à la cruelle attente de la vieillesse.
Je vois de vieilles filles se couvrir de ridicule, tantôt en se livrant à un genre de frivolités et de dissipations qui ne conviennent plus à leur âge, tantôt
en faisant à toutes leurs connaissances la confidence
de leurs affaires domestiques, tantôt en s'occupant
à publier toutes les anecdotes scandaleuses et tous
les récits calomnieux ; j'en vois d'autres qui, pour
n'être plus comptées parmi les femmes ordinaires,
tombent dans le découragement, et perdent peu-à-
peu tous leurs talents acquis, uniquement parce
qu'elles n'ont pas été assez heureuses pour remettre leur destinée entre les mains d'un homme
digne de connaître et d'apprécier tout leur mérite.

Je suis persuadé que le mariage est l'état le plus
propre à donner de la considération aux femmes,
et à les rendre intéressantes dans le monde ; mais
il faut, pour jouir de ces avantages, qu'une affection
sincère et une estime profonde les déterminent
seules dans le choix d'un époux.

Que ce ne soient ni l'intérêt ni l'exaltation, qui
vous engagent à contracter les nœuds du mariage :
car, au lieu de rencontrer dans un époux un égal,
un ami fidèle, vous courriez le risque d'être fati-
guées de la société d'un homme sans délicatesse,
sans générosité, plus qu'indifférent, et souvent,
grossier. Comme le choix d'un époux est de la plus
haute importance, je vous exhorte à apporter

REV. ORTH.   E

beaucoup de circonspection dans cette affaire. Ne vous laissez point entraîner par une passion subite, ennoblie du beau nom d'amour ; le véritable amour n'est pas l'effet d'un caprice ; il est fondé dans la nature , sur un but honorable , sur la vertu et sur une heureuse sympathie.

Si vous m'en croyez, vous ne subirez les lois de l'hymen, que lorsque vous aurez reconnu que votre fortune et votre situation dans le monde vous permettent d'espérer le bonheur pour vous, et de faire celui de votre époux. Dès que vous aurez contracté le plus saint des engagements, vous travaillerez à vous procurer une existence douce et paisible : or vous l'obtiendrez, en réglant vos désirs , en prévenant les vœux de votre époux, et en fixant dans votre heureux ménage la paix et la tranquillité, seuls vrais biens qui l'emportent sur toutes les richesses de ce monde. Le mariage dissipera bientôt les illusions produites par la beauté; mais la réserve et la modestie qui ont paré votre jeunesse, les grâces et les vertus qui ont séduit le cœur de votre époux, survivront aux charmes qu'il admirait en vous au printemps de votre âge , et l'amour ne s'éteindra, que pour faire place à un sentiment plus doux, plus tendre et plus durable.

LES JEUX DE L'ENFANCE.

De nos chagrins historien fidèle,
A nos douleurs consacrant son pinceau,
Un Sage, hélas! offrit notre berceau
Déjà pressé de leur foule éternelle (1).
Il oublia cette moisson de fleurs,
Que voit briller l'aurore de la vie,
Ces jeux charmants, dont l'aimable magie
Ne meurt jamais dans le fond de nos cœurs,
Retraçons nous les plaisirs de l'enfance,
Ses jours sereins, sa naïve innocence,
De ses loisirs la douce liberté ;
Et, détournant un regard attristé,
Fermons l'oreille aux cris de la souffrance,
Pour ne l'ouvrir qu'aux chants de la gaîté.

Parents heureux qu'entourent mes modèles,
A votre amour, à vos cœurs attendris,
Je viens offrir ces peintures nouvelles:
De mes efforts j'aurai reçu le prix,
Si vous daignez accueillir mon hommage.
Ah! quand ma main ébaucha cet ouvrage,
Autant que vous sensible et fortuné,
De mes enfants j'étais environné !
Objets chéris, si de votre présence
Je fus privé par le destin jaloux,
Puissé-je au moins d'une trop longue absence
Me consoler en m'occupant de vous!

---

(1) J. B. Rousseau s'est plu à décrire les maux qui assiégent l'homme depuis le moment de sa naissance jusqu'à celui de son trépas:

> Que l'homme est bien, durant sa vie,
> Un parfait miroir de douleurs !...
> Dès qu'il respire, etc.

E 2

Ce tendre fruit de l'hymen de Sophie,
Qui lui prodigue et ses soins et son lait,
Sentant mourir un besoin satisfait,
S'attache encore aux sources de sa vie;
Il nous sourit.... Du premier des bienfaits,
En un moment, la nature s'acquitte.
A ce souris si doux , si plein d'attraits,
Répond bientôt celui qu'il sollicite.
Je vois alors s'animer tous ses traits,
Et s'agiter entre ses doigts débiles
D'un long crystal les sonnettes mobiles (1).
Ah ! jouissons de ses faibles essais !
Quand de la vie il commence la route,
Il ne fera qu'y changer de hochets ,
Et le premier vaut les autres sans doute.

Sur ses progrès l'aimable nourrisson
Appelle ici l'œil de la bienveillance.
Voyez , amis, dans ce vaste salon,
Voyez errer sa jeune impatience.
Un char étroit forme et soutient ses pas
Sur des rouleaux que son poids précipite.
Il croit courir, il s'efforce, il s'agite,
Il obéit.... et ne s'en doute pas (2).
Nouvel appui de sa marche timide ,
Le seul secours d'une main qui le guide
Va lui suffire , et bientôt enhardi,
Fier de sentir une force ignorée ,
Nous allons voir le petit étourdi
Nous alarmer sur sa trace égarée.
Son œil contemple un trésor de joujoux;
Il les admire , il les dévore tous.
Bruyant tambour et trompette perçante,
Ballons , volants, bilboquets, cavaliers,
Ce moulinet , cette maison roulante ,
De ces bosquets la verdure ambulante ,
De ce magot les traits irréguliers :
Tout le séduit , tout l'anime et l'enchante;
Il confond tout , il ne sait point choisir;
Et , sans languir dans une vaine attente,
Bien plus heureux , il ne sait que jouir.

(1) Le hochet.
(2) Le chariot , puis le tambour , la trompette , etc.

Une substance écumante et légère
Remplit ce vase à Fanfan préparé.
D'un souffle égal un tube pénétré
Dilate l'onde.... et maint globe doré (1)
De ses couleurs embellit l'atmosphère,
Et se dérobe à des vœux superflus.
Enfant de l'air, enfant de la lumière,
Il monte, il brille, il voltige... il n'est plus ;
Mais, sans regret, on l'a vu disparaître.
Fanfan saisit l'ingénieux carton (2)
Où l'ouvrier, sans le croire peut-être,
Nous retraça les mouvements, le ton,
Et tout l'esprit de plus d'un petit-maître.
Des fils légers, croisés adroitement,
Simples ressorts de ses membres agiles,
Tantôt, forcés, l'agitent brusquement ;
Tantôt, du doigt pressés plus mollement,
Vont opérer des écarts plus faciles.
Fanfan jouit de ce double succès.
Tels autrefois on a vu nos Français,
Qui de Pantins remplissaient chaque étage,
Salon, boudoir, corridor, cabinet,
Et qui, depuis, dans leur transport volage,
Ont adopté le bruyant bilboquet,
Ont de Jeannot arboré le bonnet,
De Malborough ressuscité la cendre....
Mais ai-je donc oublié mon sujet ?
Peindre l'enfance est mon unique objet....
Excusez moi ; l'on pouvait s'y méprendre.
Sous mon pinceau s'entassent les portraits ;
Embarrassé dans le choix de ses traits,
Il craint ici leur stérile abondance ;
Sur les couleurs il hésite, il balance,
Errant et vague au milieu des jouets.
Doit-il offrir l'imposante structure
De ces vaisseaux à flot sur le plancher ?
Ces régiments qu'un ruban fait marcher ?
Et de Fanfan le coursier et l'armure ?

(1) Les bulles de savon.

(2) Le pantin.

E 3

Et ce rempart que lui-même a construit ?
Et ces châteaux de frêle architecture,
Qu'un moment forme et qu'un souffle détruit?
C'est bien assez d'une esquisse première....
Chantre enjoué d'un fameux perroquet,
Toi dont la muse effleura chaque objet,
Ainsi qu'on voit l'abeille printanière
Piller gaiment la rose et le muguet,
L'art de choisir fut toujours l'art de plaire,
Préserve-moi de l'ardeur de tout faire,
Pour m'épargner l'ennui d'avoir tout fait.

Franchissons donc un heureux intervalle
Dont je ne puis saisir tous les instants ;
Le temps s'enfuit dans sa course fatale,
Les jeux , hélas! n'arrêtent point le temps !
De mon héros s'agrandit la carrière ;
Déjà fleurit son sixième printemps.
Depuis cinq ans, sa sœur voit la lumière ;
A ses débats parfois elle s'unit ;
Mais , dans un choix moins bruyant, moins rapide ,
Rose décèle un sexe plus timide;
Et de Fanfan le tambour l'étourdit.
Près de sa bonne, à ses genoux assise,
Venez la voir, de ses adroites mains,
Placer déjà des pompons enfantins
Sur ce jouet dont l'étoffe déguise
Aux yeux trompés les ressorts incertains (1).
Dans ce carton, dans ce joli visage,
Que le pinceau vernit et colora,
L'aimable Rose a trouvé son image :
C'en est assez, elle l'embellira ;
Et de l'instinct c'est le premier ouvrage.
A ces cheveux elle enlace des fleurs ;
Un nœud galant décore cette tresse;
Elle lutine, elle gronde et caresse
L'objet muet de tant de soins flatteurs;
Elle folâtre et redevient sévère ;
Et les leçons qu'elle ose répéter,
Fidèle écho des leçons d'une mère,
Prouvent qu'au moins on sut les écouter.

_____

(1) La poupée.

Mais poursuivons ; j'obéis à ma Muse
Dont les crayons cherchent un nouveau trait.
Les sons perçants du joyeux flageolet ,
Les sons enflés de l'aigre cornemuse
Ont frappé l'air..... Nos enfants sont au guet ;
Les voyez-vous courir à la fenêtre ?
Leur double effort écarte le volet ;
Leur œil s'élance, et bientôt voit paraître
L'animal lent, grave, sombre et fourré (1) ,
Hôte-jadis des glaces du Norwège , (a)
Qui maintenant de badauds entouré,
L'ongle réduit , et le museau ferré ,
Regrette , hélas ! ses montagnes de neige ;
Et , sur deux pieds balancé gauchement ,
Aux mouvements d'une fausse cadence ,
Très peu jaloux de l'applaudissement,
Assujétit sa lourde contenance.
Autour de lui plus sémillant acteur (2) ,
Bertrand l'espiègle, armé d'une baguette ,
Gambade , court , s'arrête avec humeur,
Chapeau tendu , va faire la recette ,
Croque une noix , nargue le spectateur.
Ses tours joyeux , ses plaisantes grimaces ,
Fixent long-temps notre couple enchanté ;
Il disparaît, applaudi , regretté.
Mais la gaité , la première des grâces ,
Anime encor mon Fanfan transporté ;
Nous la verrons , en compagne fidèle ,
Le suivre aux jeux du grand Polichinelle (3).
Dès qu'il paraît, bien sûr d'être fêté ,
Dame Gigogne, en ces lieux souveraine ,
En moins de rien , a repeuplé la scène
Aux yeux surpris de ses admirateurs.
Troupe à citer. . .! tes modestes actrices
N'eurent jamais ces rhumes , ces caprices ,
Qu'à si bon droit redoutent les auteurs.
Tout obéit , et tes heureux acteurs ,
Toujours certains de conserver leur gloire ,
En aucun temps n'ont manqué de mémoire.

(1) La danse de l'ours.
(2) Le singe.
(3) Les marionnettes.

E 4

Ghaque saison pour mon héros joyeux
A son attrait. Ces paisibles soirées,
Qu'autour du feu l'hiver a consacrées,
Vont ramener les récits merveilleux
Des paladins, des géants et des fées (1).
Leurs talismans, leurs palais, leurs trophées,
Tout se présente à son œil curieux.
Il suit partout la *Princesse vermeille*,
La *Belle au bois*, et le *Prince lutin*;
Mais tout-à-coup il a prêté l'oreille
Aux longs accents d'un orgue ultramontain . . .
Maman, Maman, la lanterne magique!
L'entendez-vous à son ardeur comique?
Il faut se rendre; il insiste, il obtient.
Ah! quelle ivresse! à peine il se contient.
Il voit paraître, objet de sa prière,
En cheveux plats, en vêtements poudreux,
Le montagnard dont autrefois Voltaire
Nous a vanté les soins officieux.
Dispensateur du plaisir qu'il diffère,
Le bon sorcier fredonne avec lenteur
De ses refrains l'aubade journalière.
La nuit l'entoure, et dans son épaisseur,
Enfant subit d'une adroite lumière,
Jaillit un disque éclatant de blancheur.
Attention. . . . ! Sur la toile immobile,
Mon amateur, en traits légers et vifs,
Voit voltiger ces croquis fugitifs
Que reproduit un transparent fragile.
Il voit d'abord, dans tout leur appareil,
Le firmament, la lune et le soleil.
Bientôt après, le siége d'une ville,
Que précédait un combat sans pareil,
Est remplacé par une danse agile.
Grotesque fruit d'un bizarre pinceau,
Le nez saillant du fameux *Ramponneau*,
Son gros sourcil, sa moustache flottante,
Le ris balourd de sa bouche béante,
Viennent encor varier le tableau.
Mais tout finit; la jalouse bougie
Répand le jour et chasse la magie.

_____

(1) Les contes.

Fanfan verra renaître ses plaisirs ;
Pour la quinzaine il a des souvenirs.

Puis-je oublier cette époque chérie (1),
Dont tant de vœux appelaient le retour ?
Rose, Fanfan, votre attente est remplie ;
Du nouvel an brille le premier jour.
Enfants heureux, le plaisir vous réveille ;
Au grand papa le couple présenté
Lui vient offrir, dans son zèle excité,
Un compliment bien appris dès la veille.
Fanfan hasarde un début inquiet ;
Mais, au milieu de sa brillante phrase,
Sur des joujoux, son regard en extase
Va s'égarer.... Impatient, distrait,
Il s'embarrasse, il va rester muet,
Près d'accuser sa mémoire coupable.
Déjà son front se couvre de rougeur ;
Il baisse l'œil ; le vieillard respectable
Lui tend la main, et, d'un souris aimable,
Rend la parole au timide orateur.
Pour nos enfants un déjeûner s'apprête ;
De mets friands, de bonbons régalés,
De beaux présents, de caresses comblés,
En joyeux cercle, ils achèvent la fête.

Le jour cinq fois éclaire l'horizon ;
L'usage encor, par un signal aimable,
A des amis les réunit à table.
L'ample gâteau, tribut de la saison (2),
Qu'en longues parts les convives saisissent,
Va du hasard déterminer les lois.
De tous les cœurs le sort prévient le choix.
Fanfan est roi ; tous les cœurs applaudissent.
Un cri s'élève, et de sa majesté,
En mille vœux, on porte la santé.
Le peuple avide attend sa souveraine ;
Et dans sa sœur Fanfan choisit sa reine.

(1) Le jour de l'an où l'on donne les étrennes.
(2) Le gâteau des rois.

E 5

Nouveaux éclats, nouveau ravissement !
Mais d'abdiquer Fanfan voit le moment ;
L'heure s'avance, et le sceptre éphémère
Va s'échapper de sa main débonnaire.
Aux coups du sort il se soumet gaîment ;
Et, déposant l'autorité suprême,
Sur le duvet il va tranquillement
Se délasser du poids du diadème.

Un grand cadeau doit bientôt ajouter
A ses transports, à sa gaité folâtre (1).
Fanfan, un jour, est conduit au théâtre ;
Il en revient empressé d'imiter.
Ce qu'on a dit, il veut nous le redire ;
Il entre en scène, il a pris de Crispin
La vive allure et le ton spadassin :
Puis, tout-à-coup, de l'amant de Zaïre,
Forçant sa voix, altérant son regard,
Il va tenter de peindre le délire.
Rose contemple ; il prétend qu'elle admire.
Voyez sa main balancer le poignard,
Ses pas pressés au hasard le conduire,
Et sa fureur, après plus d'un écart,
Se terminer. . . . par un éclat de rire.
Fanfan grandit ; de sa jeune raison
Sans trop hâter l'essor et la culture,
Un art soigneux seconde la nature.
Du sentiment va naître la saison ;
Fanfan bientôt en éprouve le charme.
Par son amour un service est payé ;
Sur le malheur il répand une larme,
Et sent déjà le prix de l'amitié.
O bon Fanfan, de quel heureux présage
Ton cœur sensible enrichit notre espoir !
Le ciel donna des vertus à ton âge,
Et, sans effort, leur aimable langage
Te fait chérir un facile devoir.

Fidèle au plan qui borne mon ouvrage,
Je n'irai point, de Fanfan précepteur,
Vous le montrer expliquant son *auteur* ;
De ses calculs remplissant mainte page,

_____

(1) La comédie.

Où, sur la carte indécis promeneur,
Du globe entier poursuivant le voyage ;
Mais d'un *congé* la séduisante image
A mon pinceau demande la couleur.
Dans le verger, dans la plaine riante,
Suivez, amis, cette troupe bruyante ;
Voyez Fanfan, sans regret, sans ennui.
Les dons divers de Pomone et de Flore,
Ces bords charmants que l'ombrage décore,
Le ciel, les eaux, l'univers est à lui.
Nos étourdis, d'une ardeur empressée,
Sont accourus sous cet épais berceau.
Là, de leur poids une corde pressée (1),
En son élan réglé par son fardeau,
Va les porter dans les airs balancée.
Bientôt après, sous les mêmes ormeaux,
Dans cette allée, où des gazons nouveaux
Marquent le but et ferment la carrière (2),
Vous les voyez, impatients héros,
Disposer tout pour la course légère.
Le prix est là ; chacun doit concourir;
Mais ce laurier, Fanfan va l'obtenir.
Il réunit la vigueur à la grâce ;
Leste, rapide, il défie, il surpasse
Tous ses rivaux forcés de l'applaudir.
O mes amis, qui de nous ne regrette
Cet âge heureux où sans peine on rachète
Cinq jours d'ennui par un jour de plaisir ?
De trois moissons s'enrichit la nature,
Et trois hivers ont obscurci les cieux ;
De mon héros achevons la peinture.
Un peu moins vif, un peu plus sérieux,
De graves soins, ses habits, sa coiffure,
Vont l'occuper. Son maintien gracieux
Devient plus calme et se compose mieux.
Il veut briller aux yeux de Terpsichore ;
Sous l'œil de l'art, il dessine ses pas.
Entre Aglaé, Chloris et Léonore,
Il a vu Lise ; il ne balance pas.

---

(1) L'escarpolette.
(2) Les barres.

E 6

Effet trop sûr d'un instinct qu'il ignore !
Il la revoit, il la préfère encore ;
Du moindre geste il se montre jaloux ;
Son cœur la nomme, il tombe à ses genoux.
Ma plume tremble et s'échappe affaiblie.
Ah ! c'en est fait ! l'orage est déchaîné ;
Des passions le langage a tonné ;
L'enfant n'est plus, et ma tâche est remplie.
Lorsqu'à tes pas un sentier périlleux
Vient de s'ouvrir, ô toi, pour qui commence
D'un ciel nouveau la brûlante influence,
Tu fuis déjà le peintre de tes jeux.
Emporte au moins ses regrets et ses vœux
Dans la carrière où ton ardeur s'élance ;
Chéris toujours l'âge de l'innocence,
Et souviens-toi qu'il te rendit heureux.

M. RABOTEAU,

Membre de la Société Philotechnique.

RÉPERTOIRE

De tous les substantifs dont le genre embarrasse beaucoup de personnes, et surtout les Dames.

MOTS COMMENÇANT PAR UNE VOYELLE
ou PAR UN *H* MUET.

A.

Abbaye, *f.*
Ablette, *f.*
Abord, *m.*
Abrégé, *m.*
Abreuvoir, *m.*
Abyme, *m.*
Acabit, *m.*
Accessoire, *m.*
Accolade, *f.*
Accotoir, *m.*
Accouple, *f.*
Acier, *m.*
Acrostiche, *m.*
Acte, *m.*
Adage, *m.*
Affront, *m.*
Agate, *f.*
Age, *m.*
Agrafe, *f.*
Ail, *m.*
Aire, *f.*
Aise, *f.*
Alaise, *f.*
Alambic, *m.*
Albâtre, *m.*
Alcove, *f.*

Alèze, *f.*
Algarade, *f.*
Allége, *f.*
Allure, *f.*
Aloi, *m.*
Alonge, *f.*
Amadou, *m.*
Amalgame, *m.*
Amarre, *f.*
Amnistie, *f.*
Amorce, *f.*
Ampoule, *f.*
Anachronisme, *m.*
Anagramme, *f.*
Analyse, *f.*
Anchois, *m.*
Anecdote, *f.*
Angar, *m.*
Angle, *m.*
Angoisse, *f.*
Anicroche, *f.*
Ankylose, *f.*
Annales, *pl. f.*
Anniversaire, *m.*
Anse, *f.*
Antichambre, *f.*
Antidote, *m.*
Antithèse, *f.*
Antre, *m.*

Aphorisme, *m.*

Apologue, *m.*

Apophthegme, *m.*

Apostille, *f.*

Apothéose, *f.*

Apozème, *m.*

Appareil, *m.*

Appel, *m.*

Après-dînée, *f.*

Après-midi, *f.*

Aqueduc, *m.*

Arabesques, *pl. f.*

Araignée, *f.*

Arbalète, *f.*

Arc, *m.*

Archevêché, *m.*

Archives, *pl. f.*

Are, *m.*

Arète, *f.*

Argile, *f.*

Ariètte, *f.*

Arme, *f.*

Armistice, *m.*

Armoire, *f.*

Arquebuse, *f.*

Arrhes, *pl. f.*

Arrière-ban, *m.*

Arrière-cour, *f.*

Arrière-garde, *f.*

Arrosoir, *m.*

Artère, *f.*

Article, *m.*

Artifice, *m.*

As, *m.*

Aspersoir, *m.*

Aspic, *m.*

Assommoir, *m.*

Astérisque, *m.*

Asthme, *m.*

Astuce, *f.*

Atmosphère, *f.*

Atome, *m.*

Atre, *m.*

Attache, *f.*

Attelage, *m.*

Attirail, *m.*

Aubade, *f.*

Aubépine, *f.*

Auberge, *f.*

Auditoire, *m.*

Auge, *f.*

Aune, *f.*

Auspice, *m.*

Autel, *m.*

Automate, *m.*

Automne, *m.* (1)

Autruche, *f.*

Avalanche, *f.*

Avaloire, *f.*

Avanie, *f.*

Avant-cour, *f.*

Avant-garde, *f.*

Avant-scène, *f.*

Avarie, *f.*

Averse, *f.*

Axe, *m.*

Axiome, *m.*

E.

Ebauche, *f.*

Ebène, *f.*

Ecaille, *f.*

Ecale, *f.*

Ecarlatte, *f.*

Echalotte, *f.*

Echancrure, *f.*

---

(1) Ce mot avait autrefois les deux genres ; mais le masculin prévaut aujourd'hui. En l'adoptant, on a voulu, pour l'uniformité dans le langage, classer sous un même genre les quatre saisons de l'année.

Echange, m.
Echantillon, m.
Echappatoire, f.
Echappée, f.
Echarde, f.
Echarpe, f.
Echasse, f.
Echaudé, m.
Echec, m.
Echo, m. (1)
Echoppe, f.
Eclair, m.
Eclaircie, f.
Eclipse, f.
Ecorce, f.
Ecran, m.
Ecrevisse, f.
Ecrin, m.
Ecritoire, f.
Ecumoire, f.
Ecureuil, m.
Ecurie, f.
Edredon, m.
Effigie, f.
Egide, f.
Eglogue, f.
Egoût, m.
Egrappoir, m.
Egrugeoir, m.
Electuaire, m.
Elixir, m.
Ellébore, m.
Eloge, m.
Email, m.
Embargo, m.
Emblême, m.
Embonpoint, m.
Embuscade, f
Emétique, m.
Emplâtre, m.

Empois, m.
Empreinte, f.
Encensoir, m.
Enchère, f.
Enclos, m.
Enclume, f
Encombre, m.
Encrier, m.
Endive, f.
Endosse, f.
Enfilade, f.
Engeance, f.
Engelure, f.
Engrais, m.
Enigme, f.
Ennui, m.
Enquête, f.
Enseigne, f. (2)
Entaille, f.
Ente, f.
Enthousiasme, m.
Enthymême, m.
Entonnoir, m.
Entorse, f.
Entr'acte, m.
Entraves, pl. f.
Entre-côte, m.
Entre-sol, m.
Entrevue, f.
Enveloppe, f.
Envie, f.
Envoi, m.
Epeautre, m.
Epée, f.
Ephémérides, pl. f.
Epi, m.
Epicarpe, m.
Epice, f.
Epichérême, m.
Epidémie, f.

(1) Echo (nymphe) est du genre féminin : *la malheureuse Echo.*

(2) Enseigne, f. indice, tableau.

Epiderme, *f.*
Epigramme, *f.*
Epigraphe, *f.*
Epilogue, *m.*
Episode, *m.*
Epithalame, *m.*
Epitaphe, *f.*
Epithète, *f.*
Epizootie, *f.*
Eponge, *f.*
Epoque, *f.*
Epouvantail, *m.*
Epreintes, *pl. f.*
Equerre, *f.*
Equilibre, *m.*
Equinoxe, *m.*
Equipage, *m.*
Equipée, *f.*
Equivoque, *f.*
Erable, *m.*
Ere, *f.*
Ermitage, *m.*
Erysipèle, *m.*
Escabelle, *f.*
Escadre, *f.*
Escapade, *f.*
Escarmouche, *f.*
Escarpe, *f.*
Escarole, *f*
Escarpolette, *f.*
Eschare, *f.*
Esclandre, *m.*
Escompte, *m.*
Escorte, *f.*
Escouade, *f.*
Escousse, *f.*
Escrime, *f.*
Espace, *m.*
Espingole, *f.*
Esplanade, *f.*
Esquif, *m.*
Esquinancie, *f.*
Esquisse, *f.*
Estampe, *f.*

Estampille, *f.*
Estime, *f.*
Estompe, *f.*
Estrade, *f.*
Etable, *f.*
Etal, *m.*
Etamines, *pl. f.*
Etape, *f.*
Eteignoir, *m.*
Etole, *f.*
Etouffoir, *m.*
Etrille, *f.*
Etuve, *f.*
Eucologe, *m.*
Evangile, *m.*
Evêché, *m.*
Eveil, *m.*
Eventail, *m.*
Eventaire, *m.*
Evier, *m.*
Exercice, *m.*
Exil, *m.*
Exode, *m.*
Exorde, *m.*
Expertise, *f.*
Extase, *f.*
Exutoire, *m.*

H.

Hameçon, *m.*
Hanneton, *m.*
Hécatombe, *m.*
Hectare, *m.*
Hémisphère, *m.*
Hémistiche, *m.*
Hémorrhagie, *f.*
Hérésie, *f.*
Héritage, *m.*
Hermine, *f.*
Héroïde, *f.*
Hiéroglyphe, *m.*
Historique, *m.*
Holocauste, *m.*
Hôpital, *m.*
Horizon, *m.*

Horloge, *f.* (1)
Horoscope, *m.*
Hortensia, *f.*
Hospice, *m.*
Hôtel, *m.*
Hôtellerie, *f.*
Humeur, *f.*
Hydre, *f.*
Hydrocèle, *f.*
Hydrogène, *m.*
Hydromel, *m.*
Hyéne, *f.*
Hymen, *m.*
Hypallage, *f.*
Hyperbate, *f.*
Hyperbole, *f.*
Hypocondre, *m.*
Hypothèque, *f.*
Hypothèse, *f.*
Hysope, *f.*

Insecte, *m.*
Insomnie, *f.*
Instinct, *m.*
Insulte, *f.*
Interligne, *m.*
Intermède, *m.*
Interstice, *m.*
Intervalle, *m.*
Intrigue, *f.*
Invective, *f.*
Inventaire, *m.*
Issue, *f.*
Isthme, *m.*
Itinéraire, *m.*
Ivoire, *m.*
Ivraie, *f.*

J.

Jujube, *f.*

O.

Obédience, *f.*
Obélisque, *m.*
Oblation, *f.*
Obit, *m.*
Obole, *f.*
Obsèques, *pl. f.*
Observatoire, *m.*
Obstacle, *m.*
Obus, *m.*
Occurrence, *f.*
Ocre, *f.*
Octave, *f.*
Octroi, *m.*
Ode, *f.*
Odeur, *f.*
Odorat, *m.*
OEillade, *f.*
OEillet, *m.*

I

Ides, *pl. f.*
Idiôme, *m.*
Idole, *f.*
Idylle, *f.*
If, *m.*
Iliade, *f.*
Image, *f.*
Immondices, *pl. f.*
Impasse, *f.*
Impériale, *f.*
Imposte, *f.*
Incartade, *f.*
Incendie, *m.*
Inceste, *m.*
Incise, *f.*
Indice, *m.*
Infanticide, *m.*

(1) Ce mot était autrefois du genre masculin.

OEilleton , *m.*
OEsophage , *m.*
Offertoire , *m.*
Offrande , *f.*
Offre , *f.*
Ogre , *m.*
Oie , *f.*
Oing , *m.*
Olive , *f.*
Olympiade , *f.*
Ombrage , *m.*
Ombre , *f.*
Ombrelle , *f.*
Omelette , *f.*
Omoplate , *f.*
Ongle , *m.*
Onglée , *f.*
Onguent , *m.*
Onomatopée , *f.*
Opale , *f.*
Ophthalmie , *f.*
Opium , *m.*
Opprobre , *m.*
Optique , *f.*
Oracle , *m.*
Orage , *m.*
Oraison , *f.*
Orange , *f.*
Oratoire , *m.*
Orbe , *m.*
Orbite , *f.*
Orchestre , *m.*
Ordonnance , *f.*
Ordre , *m.*
Ordure , *f.*
Oreille , *f.*
Oreiller , *m.*
Orfraie , *f.*
Organe , *m.*

Orge , *f.* (1)
Orgie , *f.*
Orgueil , *m.*
Orifice , *m.*
Oriflamme , *f.*
Oripeau , *m.*
Orme , *m.*
Ormoie , *f.*
Ornière , *f.*
Orteil , *m.*
Ortie , *f.*
Oseille , *f.*
Oseraie , *f.*
Osier , *m.*
Ostensoir , *m.*
Ostracisme , *m.*
Otage , *m.*
Ouaille , *f.*
Ouate , *f.*
Oubli , *m.*
Oublie , *f.*
Ouie , *f.*
Ouragan , *m.*
Ourlet , *m.*
Outarde , *f.*
Outil , *m.*
Outrage , *m.*
Outre , *f.*
Ouverture , *f.*
Ouvrage , *m.*
Ovale , *m.*
Ovation , *f.*
Ove , *m.*
Oxycrat , *m.*
Oxyde , *m.*
Oxygène , *m.*
Oxymel , *m.*

(1) On dit et l'on écrit : orge *mondé*, orge *perlé* ; et c'est avec raison qu'on donne le genre masculin au subs- tantif *orge*. Voy. la Grammaire raisonnée ; tome II , p. 121.

U.

Ulcère, *m.*
Ultimatum, *m.*
Uniforme, *m.*
Union, *f.*
Unisson, *m.*
Unité, *f.*

Urbanité, *f.*
Urne, *f.*
Us , *pl. m.*
Usage , *m.*
User , *m.*
Usine , *f.*
Ustensile , *m.*
Usufruit , *m.*
Usure , *f.*

MOTS COMMENÇANT PAR UNE CONSONNE.

Catacombes, *pl. f.*
Centime , *m.*
Charmes, *pl. m.*
Charpie , *f.*
Chasuble , *f.*
Concombre , *m.*
Courroie , *f.*
Décime, *m.*
Décombres, *pl. m.*
Dialecte, *m.*
Disparate , *f.*
Fibre, *f.*
Gare, *f.*
Gent, *f.*
Gentiane, *f.*
Géode, *f.*
Girofle , *m.*
Givre , *m.*
Glaire, *f.*
Goître , *m.*
Guimpe, *f.*
Lardoire , *f.*
Légume , *m.*
Leurre , *m.*
Levée , *f.*
Limite, *f.*
Madrépore , *m.*

Malaise , *m.*
Malencontre , *f.*
Manes , *pl. m.*
Martingale , *f.*
Mélèze, *m.*
Mésange, *f.*
Mésentère , *m.*
Métacarpe , *m.*
Moire , *f.*
Monosyllabe , *m.*
Monticule , *m.* (1)
Nacre , *f.*
Pampre , *m.*
Paradigme , *m.*
Parafe , *m.*
Paroi , *f.*
Pataraffe , *f.*
Pécule , *m.*
Pécune , *f.*
Pédale , *f.*
Péritoine , *m.*
Pétale , *m.*
Pétiole , *m.*
Platine , *m.* (métal.)
Pleurs , *pl. m.*
Préparatifs , *pl. m.*

(1) Beaucoup de gens pèchent contre le genre du mot *monticule*. Voyez la règle neuve et importante qui termine cet article.

Prestige , *m.*
Pyrite , *f.*
Quelque chose, *m.*
Réglisse, *f.*
Renne, *m.*
Rouge-gorge , *m.*
Salamandre , *f.*
Sandaraque , *f.*
Saxifrage , *f.*
Spatule , *f.*

Squelette , *m.*
Stade , *f.*
Stalle , *f.*
Thériaque , *f.*
Topaze , *f.*
Trombe , *f.*
Vertèbre , *f.*
Vestige, *m.*
Vicomté, *f.*
Vivres , *pl. m.*

Règle essentielle.

Quand on est embarrassé pour déterminer le genre d'un substantif terminé en *ule*, il faut avoir égard au primitif. Si le primitif est du genre masculin, le dérivé est aussi du masculin ; si le primitif est du genre féminin , le dérivé est aussi du féminin. Ainsi *animalcule , conciliabule , conventicule, corpuscule, fascicule , globule, indicule , lobule , monticule , opuscule , pédicule, pédoncule , ventricule, etc.* sont du masculin , parce que les primitifs *animal, concile , convent* (vieux), *corps, faisceau, globe, indice, lobe, mont, ouvrage , pied , ventre ,* etc. sont du genre masculin. — *Caroncule, fécule, formule, glandule, lenticule , lunule , molécule , particule, pellicule , plantule , portiuncule , rotule , vésicule,* etc. sont du féminin , parce que les primitifs *chair, fèce , forme, glande , lentille , lune , môle , partie, peau, plante , plume , portion , roue , vessie ,* etc. sont du genre féminin. Cette règle est tout-à-fait neuve ; si elle est juste et conforme aux lois de la dérivation, on conviendra que le substantif *outre* est féminin, et non masculin (comme le croient bien des gens) puisque son dérivé *utricule* est certainement du genre féminin.

FIN.

DES OUVRAGES DU MÊME AUTEUR,

Qui se trouvent chez le même Libraire.

La Revue Orthographique, *ou* Corrigé des *Sujets de compositions* renfermés dans le Cours théorique-pratique d'Orthographe et de Ponctuation ; *in - 12.* Deuxième édition. (Cette Revue est précédée d'Observations 1° sur le Participe *laissé* suivi d'un infinitif ; 2° sur le Participe suivi d'un infinitif actif pris passivement ; 3° sur le Participe accompagné d'un infinitif précédé de la préposition *a.*)

Cacographie, *ou* Recueil de phrases dans lesquelles on a violé à dessein l'orthographe des mots, les règles des Participes, et les lois de la ponctuation, afin que les étudiants et les gens du monde, en corrigeant avec soin ces fautes, en réparant ces omissions volontaires, parviennent à écrire selon les règles de l'orthographe et de la ponctuation. Septième édition, augmentée d'un petit Traité des Participes et d'exercices préliminaires sur les règles du Participe passé ; *in-12.* (Il ne faut pas confondre cet Ouvrage avec ceux auxquels il a servi de modèle ; ceux-ci sont de très pâles copies de l'ouvrage que M. B. a conçu et publié le premier ; il n'y a de ressemblance entre eux, que le titre , (*Cacographie*) qui est, en quelque sorte, une propriété littéraire qu'on aurait dû respecter.

Cette observation s'applique à la *Cacologie* du même auteur, dont le titre, la forme et la conception lui appartiennent exclusivement.)

Orthographie, *ou* Corrigé de la Cacographie, à l'usage des Chefs de pensionnats, des Instituteurs et des Pères de famille, etc.. *in* - 12. Septième édition conforme à la dernière de la Cacographie.

Grammaire latine, théorique et pratique, *ou* Méthode d'abréviation pour l'étude du latin, suivie d'un petit Traité des élégances latines et d'une série de questions à faire aux Etudiants. Neuvième édition ; *in*-12. (Les Compositions françaises que renferme le *Manuel latin* coïncident avec les règles de cette Grammaire ; le premier de ces deux ouvrages appelle le second.)

Manuel latin, *ou* Compositions françaises, suivies de fables et d'histoires latines, pour aider, par l'application des règles, à la traduction des Auteurs latins, et pour disposer, par des versions faciles, à l'intelligence des Ecrivains du siècle d'Auguste ; avec deux Dictionnaires, l'un français, l'autre latin. Quinzième édition ; *in*-12. (Les Compositions françaises que renferme cet ouvrage si utile, et qui ont pour but et pour résultat de conduire les Elèves jusqu'en cinquième, coïncident en tout point avec les règles contenues et développées dans la Grammaire latine du même auteur.)

Enchiridii latini Argumenta cùm gallica, tùm latina, in latinum alia, alia in gallicum, ad usum

Professorum conversa; ou Corrigé du Manuel latin, avec le texte en regard, à l'usage de MM. les Professeurs et Chefs de Pensionnats. Un vol. *in-*12 de 300 pages.

*Appendix de Diis et Heroïbus poëticis, etc.; in-*18. (Cette édition très soignée, est enrichie de nouvelles notes grammaticales, étymologiques et littéraires, qui jettent un grand jour sur les difficultés du texte. L'ouvrage est terminé par un vocabulaire de tous les mots pris dans leur véritable acception.)

*De Viris illustribus urbis Romæ, etc.; in-*18. (Cette édition, augmentée d'un vocabulaire où tous les mots sont pris dans leur véritable acception, est enrichie de notes historiques et grammaticales; d'un Commentaire latin, fort utile, sur les mœurs et les coutumes des Romains; et d'un Tableau des personnages célèbres qui existèrent en Grèce et en Italie depuis Romulus jusqu'à Constantin-le-Grand.)

G. Faërni Cremonensis fabulæ centum, ex antiquis auctoribus collectæ, notis gallicis illustratæ, in gratiam tironum qui Phædri fabulas interpretaturi sunt, accommodatæ, et PONTIFICI MAXIMO *dicatæ; cui operi accesserunt* 1º *Fabulæ quas in gallicum verterunt complures poetæ ;* 2º *Historiæ sacræ Compendium gallicum latinè vertendum.* (Cette deuxième édition est précédée d'une Vie de Faërne, écrite en latin par l'Editeur.)

J. Phædri fabulæ, ad intelligentiam tironum, difficultatibus gradatìm expositis, quàm accura-

tissimè cum notis gallicis accommodatæ ; cui operi accesserunt et Fontanianæ fabulæ scholiis admistæ, et Mythologia gallica latinè convertenda. Quinta editio; in-12. (Cette édition, accompagnée d'un vocabulaire de tous les mots pris dans leur véritable acception, est précédée d'une Vie de Phèdre, écrite en latin par l'Editeur.)

Cours-pratique de la langue latine, *ou* Compositions françaises, à l'usage des Cours supérieurs (5ᵉ, 4ᵉ, 3ᵉ et 2ᵉ Classes), 4 vol. *in-*12. — Le tome premier, en faveur des Cinquièmes, renferme 200 devoirs dont les derniers offrent les notices biographiques des grands Capitaines dont Cornélius Népos a écrit les Vies. Il contient, en outre, un Abrégé de l'Histoire Grèque, lequel, avec ces notices biographiques, est très propre à faciliter l'intelligence de Cornélius qu'on traduit en cinquième. — Le tome deuxième, en faveur des Quatrièmes, renferme 200 devoirs classiques, et, en outre, un Abrégé de l'Histoire Romaine, bien propre à faciliter l'intelligence des Auteurs latins.

Abrégé de Boudot, *ou* Dictionnaire latin-français, à l'usage des classes inférieures, avec cette épigraphe :

Tendimus ad Latium ; validis incumbite remis.

Vɪʀɢ.

1 vol. *in-*12, de 465 pages. (Cet ouvrage n'a rien de commun avec plusieurs Abrégés de Dictionnaires latins-français, qui ont paru.)

Abrégé des Antiquités romaines, divisé ainsi qu'il suit : Institutions politiques, — civiles, — militaires,—religieuses; *in-*18. (Cet ouvrage, qui est très nécessaire pour l'intelligence des Écrivains latins, a été réuni au Manuel des Étudiants.)

*C. Velleii Paterculi Historia romana ; recentissima editio diligenter recognita, notisque gallicis locupletata , cui accessit index geographicus ; in-*24.

 (Cette édition est précédée d'une Vie de Paterculus, écrite en français.)

Manuel des Étudiants, *ou* Code de préceptes pour écrire avec élégance et pureté en latin ; avec cette épigraphe : *Aliud est grammaticè, aliud latinè loqui.* Quintil. Deuxième édition ; *in-*12.

Apollineum Opus, ou Traité théorique et pratique de l'art de faire des vers latins. Cinquième édition ; *in-*12. (La Prosodie qui précède le Recueil des matières de vers latins, embrasse tout ce qu'on peut dire sur la versification ; et les matières poétiques, au nombre de 180 pièces, sont appropriées aux forces croissantes des élèves.)

*Apollinei Operis carmina , redditi quibus priores numeri, etc. ; in-*12. (Cet ouvrage est le Corrigé des matières de vers latins, contenues dans l'*Apollineum Opus.*) Troisième édition ; *in-*12.

*Terentii Andria scholiis gallicis illustrata , et à genere quolibet obscenitatis expurgata , etc. ; in-*12. (Cette jolie édition enrichie de notes

françaises , est précédée d'une Vie de Térence ,
écrite en latin par l'Editeur.)

L'Andrienne française , comédie en cinq actes et en
vers, par Baron, revue et corrigée par l'Editeur.
1 vol. *in*-12. (Cette pièce a été réunie à l'Andrienne latine pour offrir aux Étudiants des
exemples d'imitations poétiques ; elle est imprimée avec beaucoup de soin.)

Les Hommes illustres de la ville de Rome ; ouvrage
traduit du latin, précédé d'un Coup-d'œil sur la
ville de Rome, d'un Commentaire latin-français
sur les mœurs et les coutumes des Romains, et
suivi , 1°. d'un Tableau séculaire des personnages célèbres qui existèrent en Grèce et en
Italie depuis la fondation de Rome jusqu'à la
mort de César-Auguste ; 2°. d'un Tableau chro-
nologique des empereurs romains et des savants
illustres qui vécurent sous ces empereurs, depuis César - Auguste jusqu'à Constantin-le-
Grand ; 3°. de Notes historiques , chronologi-
ques et littéraires. Deuxième édition ; français-
latin en regard. 1 vol. *in*-12.

Les Fables de Faërne , poète de Crémone , traduites du latin , accompagnées de notes littéraires ,
précédées d'une Vie de Faërne , écrite en français , et suivies de fables françaises imitées de
ce poète. 1 vol. *in*-12 ; français-latin en regard.

Les Fables de Phèdre , en quatre livres , traduites
du latin conformément à l'édition qu'en a donnée l'auteur avec des scholies nouvelles , précédées d'une Vie de Phèdre et du tableau des

temps désastreux où vécut ce poëte, affranchi de César-Auguste. 1 vol. *in*-12 ; français-latin en regard.

Dictionnaire universel français-latin, par MM. Lallemant, augmenté de quatorze mille articles par l'Editeur ; dix-huitième édition, *in*-8º.

Dictionnaire universel latin-français, par Boudot, augmenté au moins d'un tiers par l'Editeur ; vingt-troisième édition, *in*-8º.

Gradus ad Parnassum, ou *Dictionnaire poétique latin-français*, composé sur le plan du grand Dictionnaire poétique du P. Vanière, où se trouvent une foule d'exemples, de citations et de périphrases empruntés des meilleurs poètes latins, anciens et modernes ; un traité de versification latine ; des matières de compositions poétiques, pour les Commençants ; et de nombreux articles de mythologie, d'histoire et de géographie, écrits en français. Dix-huitième édition, *in*-8º. très bien imprimée.

Cacologie, *ou* Recueil de locutions vicieuses empruntées de nos meilleurs Ecrivains, et mises sous les yeux des jeunes-gens, afin qu'en les corrigeant eux-mêmes à l'aide de la *Grammaire Raisonnée* du même Auteur, ils apprennent à parler et à écrire purement. Sixième édition ; *in*-12. (On ne craint pas d'assurer que tous ceux qui se sont appliqués de bonne foi à reconnaître les fautes grammaticales qui déparent les phrases de ce Recueil, sont parvenus à respecter les lois du langage dans leurs discours et dans leurs écrits.)

Orthologie, *ou* Corrigé de la Cacologie, à l'usage de MM. les Professeurs, Avocats, Gens de lettres, etc. Sixième édition ; *in-*12. (Cet ouvrage est indispensable pour aider à reconnaître toutes les fautes de la *Cacologie.*)

Sous presse.

Petit Vocabulaire portatif de la langue française , etc. , destiné aux Ecoles du premier et du second degré , aux gens du monde et aux étrangers. 1 vol. *in-*16, avec cette épigraphe :

La science des mots est indispensable à l'art de penser.

(Ce Vocabulaire contient 1° tous les mots qui se trouvent dans les bons Dictionnaires , avec la prononciation , lorsqu'elle offre des difficultés ; 2° les noms des contrées, des provinces et des villes les plus connues.)

Le Mémorial latin *ou* Série de questions suivies des réponses à chacune d'elles *, pour inculquer* facilement aux Elèves les principes et les premières règles de la langue latine ; ouvrage très utile aux Professeurs , aux Pères de famille et aux Etudiants ; avec cette épigraphe :

La Mémoire *est l'étui de la science.* MONTAIGNE.

Abrégé de Lallemant, *ou* Dictionnaire français-latin, à l'usage des classes inférieures; avec cette épigraphe :

On marche au Latium; qu'on redouble d'efforts.

1 vol. *in-*12.

~~~~~~~~~~~~~

Abrégé de la Grammaire française de Beauzée, *Paris*, petit *in-*8º.

Abrégé de la Grammaire française de Restaut, *Paris*, *in-*12.

Abrégé de la Grammaire française de Wailly, 14e édition originale, *Paris*, *in-*12.

Grammaire française, (Elémens de), par Lhomond, *Paris*, *in-*12.

Grammaire française, par Restaut, *Paris*, *in-*12.

Remarques sur la Langue française, par l'abbé d'Olivet, contenant la Prosodie française, les Essais de grammaire et les Remarques sur Racine, *Paris*, *in-*12.

Traité de l'Orthographe française, par Restaut, *Poitiers*, grand *in-*8º.

NOTE.

(a) Page 107, *l'auteur aurait dû dire :*
Hôte jâdis des glaces de la Norwège.....

www.ingramcontent.com/pod-product-compliance
Lightning Source LLC
Chambersburg PA
CBHW052214270326
41931CB00011B/2341